# Une Française à Vegas

14 boulevard de la Madeleine – CS 62204
75373 Paris cedex 08
www.michel-lafon.com

# Laly

## Une Française à Vegas

Michel LAFON

*Le véritable art ne réside pas dans ce qui est visible, mais dans le courage de se laisser voir.*

Laly

# Avant-propos

Je dévoile bien plus que ma peau, je déshabille les préjugés et ébranle les conventions. En tant que strip-teaseuse, mon art transcende la simple exposition physique, c'est une philosophie incarnée, une exploration où la véritable nudité réside dans la transparence de l'âme. Derrière chaque mouvement, je suis un récit, une invitation à comprendre que se dévoiler va bien au-delà de l'effeuillage, c'est une révélation profonde de l'essence de soi.

# Prologue

Je m'appelle Laly, je suis danseuse dans une boîte de strip-tease à Las Vegas.

En fait, je travaille dans LE club légendaire, le temple, celui qui a vu défiler des caïds de la mafia, où se sont côtoyées les plus grandes stars. Ici, vous verrez les plus belles filles du monde se mêler aux cow-boys du fin fond du Texas, aux businessmen de New York, mais aussi des ex-taulards, des écrivains à la recherche d'inspiration, des chanteurs en mal d'amour, des boxeurs, des producteurs... Tous se retrouvent dans ce lieu.

Ici plus qu'ailleurs, l'argent circule de main en main, plus que vous ne pourrez jamais en voir, comme du vulgaire papier.

Pour beaucoup de gens, les clubs de strip-tease restent des terres inexplorées, des lieux secrets, interdits, à la frontière du fantasme. On ose difficilement y entrer, une sorte de monde parallèle qui vous aspire une fois à l'intérieur.

C'est un endroit dangereux pour votre âme et votre portefeuille, mais l'envie de savoir est tenace, et vous vous y plongez avec délice.

Je suis là pour vous accueillir, dans cet antre qui est le mien, car oui, ce club je le connais par cœur, chaque recoin, chaque histoire ; je sens son âme, son cœur battre. J'aime cet endroit, et je le déteste aussi.

Chaque soir, je suis confrontée à des situations inédites, des rencontres improbables, des moments intenses. J'ai vécu des instants irréels, du client vampire à la star de cinéma.

J'y ai gagné énormément d'argent en quelques heures, rencontré des filles extraordinaires, entendu des informations classées secrètes ; j'ai ri, pleuré, consolé, j'ai voulu démissionner une centaine de fois, mais ce club exerce sur moi un pouvoir étrange. Je n'arrive pas à le quitter.

Je suis, par ma volonté, sa prisonnière. Il me donne la liberté qu'aucun autre métier au monde ne pourrait m'apporter. Cette liberté que j'aime tant, moi, l'indomptable.

Je vais partager avec vous l'atmosphère de ces lieux si secrets, des vestiaires à la scène, en passant par les personnages hauts en couleur qui peuplent cet univers fascinant : clients, patron, danseuses. Je vais vous raconter ses dessous, sombres, parfois, mais aussi pleins d'humanité.

Au-delà des clichés et des préjugés, nous ne sommes pas uniquement des strip-teaseuses. Nous sommes des confidentes, des thérapeutes à notre manière. Nous savons écouter sans juger, conseiller avec bienveillance, consoler. Nous sommes là pour vous faire rêver, pour vous faire oublier les tracas du quotidien. Mais nous sommes aussi là pour vous charmer et vous faire dépenser beaucoup d'argent, car nous sommes expertes dans l'art de la séduction.

Nous jouons différents rôles, telles des actrices caméléons se fondant dans vos désirs les plus profonds.

Je suis strip-teaseuse à Las Vegas, par choix, je ne suis pas une victime, je ne prône pas non plus une revendication sexuelle féministe.

Bienvenue dans les coulisses du Paradise, là où les masques tombent, où fantasmes et réalité s'entremêlent, où l'humanité devient plus authentique.

Ces histoires, ce sont les miennes, celles de mes consœurs, et celles de tous ceux qui ont croisé notre chemin.

# – 1 –

# Le loup, c'est moi

C'est un de ces vendredis soir, à Las Vegas. Il fait une chaleur écrasante. Les rayons du soleil disparaissent peu à peu, laissant place aux néons vifs et colorés qui illuminent le Strip. Le cœur de cette ville de tous les excès.

Il est 21 heures, et je m'apprête à aller travailler au Paradise, un club de strip-tease réputé.

Je me glisse derrière le volant de ma voiture, le tableau de bord m'indique qu'il fait 45 degrés. J'allume la climatisation au maximum pour échapper un peu à cette fournaise étouffante.

Sur ma droite, s'étend le Strip, une artère urbaine animée où s'élèvent les célèbres hôtels et casinos. Le Caesars Palace se dresse, majestueux avec sa façade imitant la Rome antique, tandis que le Bellagio éblouit les passants avec ses fontaines dansantes. Il règne une énergie particulière ce soir, Katy Perry est en concert, les Raiders[1] jouent leur dernier match de la saison, et un grand combat d'UFC à l'Arena attire une foule avide de divertissement.

1. Équipe de football américain de Las Vegas.

Pourtant, ce qui me captive le plus, c'est le spectacle qui se déroule à l'ouest de la ville. Le soleil, enveloppé dans un manteau de flammes dorées, amorce lentement sa descente derrière les majestueuses chaînes de montagnes qui entourent Las Vegas. Les cieux s'embrasent d'une palette de couleurs chatoyantes, passant du rouge passion au rose tendre, créant une toile de fond à couper le souffle. À chaque fois, je suis éblouie, car ces couchers de soleil sont parmi les plus sublimes que j'ai eu la chance de contempler. Le désert, dans toute sa splendeur, offre un spectacle inoubliable, rappelant que Sin City a bien plus à offrir que sa démesure.

J'arrive enfin devant le club, l'atmosphère électrique s'intensifie davantage. Un voiturier se précipite pour prendre mes clés avant même que j'aie le temps de sortir du véhicule.

– Comment vas-tu Laly ? Il y a beaucoup de monde ce soir. Ça va être une grosse soirée ! me lance-t-il avec enthousiasme.

Un sourire se dessine sur mes lèvres alors que je prends mon sac et descends de ma voiture.

Je m'approche de l'entrée du Paradise, une immense porte rouge se dresse devant moi, encadrée par deux vigiles impressionnants.

Le portique de sécurité sonne lorsque je le traverse. Je porte toujours une arme sur moi. Je suis une ancienne policière, et certaines habitudes ne me quittent pas, même dans ce nouvel environnement.

– Salut, Laly ! Tu as tes papiers ? s'exclame Ashley, une jeune femme au charme malicieux.

Elle est là pour vérifier que les danseuses sont en règle et percevoir les frais d'entrée. Je lui tends ma carte d'identité et ma *sheriff card* [2] qu'elle scanne rapidement.

– Ça fera 120 dollars, annonce-t-elle avec naturel.

Travailler ici a un coût, et nous devons nous plier aux règles du jeu. Je sors les billets de mon sac et les lui remets. En échange, elle me tend un ticket où sont inscrits mon prénom et mon heure d'arrivée. Je vais devoir le garder précieusement tout au long de la soirée. Une sorte de talisman indispensable à mon séjour dans cet univers parallèle.

Enfin je franchis la dernière porte et je pénètre dans cet espace où les frontières du réel s'estompent, l'intime se mêlant à l'art, et l'art s'emparant de l'intime. C'est un monde à part, aussi envoûtant que déconcertant.

J'inspire profondément, consciente que cette nuit je serai bien plus qu'une simple danseuse. Je serai une messagère des émotions, une artiste de l'éphémère.

Mes yeux s'habituent progressivement à l'ambiance sombre et tamisée, ponctuée de-ci de-là par des lumières colorées et des jeux de miroirs. La musique est forte et rythmée, créant une atmosphère énergique et sexy. Le contraste avec la chaleur à l'extérieur est saisissant. Je frissonne.

La salle est pleine, des clients sont assis à des tables où, autour de la scène, ils sirotent des boissons alcoolisées et jettent des billets de banque aux danseuses.

Des écrans de télévision diffusent un combat d'UFC, attirant l'attention de certains passionnés.

Je peine à traverser le club et me dirige vers le bar, où le barman s'affaire à préparer des cocktails, à servir des pintes

---

2. Permis requis à Las Vegas pour tous les postes dans un établissement de jeu et de nombreux autres lieux de travail.

de bière mousseuses et à remplir des verres de whisky. Je me fais bousculer par des serveuses habillées en tenue légère. Effectivement, il y a beaucoup de monde ce soir. La nuit s'annonce brûlante. Les clients sont assis sur des tabourets de bar, ils discutent, rient et partagent des histoires avec les danseuses. Je reconnais des visages, certaines me regardent passer en me gratifiant d'un sourire, d'autres n'ont pas l'air heureuses de me voir.

Quand tu fais un métier où se mélangent femmes et argent, cela crée pas mal de tensions. J'ai appris à rester loin des conflits, c'est pour cela que j'aime travailler seule. Et ça énerve certaines filles.

Je suis LA Française, celle qui a un accent sexy, et qui est la plus bankable. Elles veulent toutes être mes amies, mais au fond, ce sont toutes des ennemies. Le rêve de certaines serait de me voir disparaître. Autant vous dire que je dois rester vigilante. Non, l'univers du strip-tease n'est pas tendre.

J'avance d'un pas rapide vers les vestiaires quand je sens que l'on m'agrippe par le bras.

– Éric !!!

Éric vient une fois par mois, il habite à NYC. C'est un grand chirurgien, un neurochirurgien, plus exactement.

Il vient uniquement pour moi, c'est son rituel. Il repousse toutes les autres filles qui tentent leur chance avec lui. C'est ce qu'on appelle un « régulier », dans le jargon d'une strip-teaseuse. C'est le client le plus fidèle que vous puissiez avoir.

Toujours impeccablement habillé d'un costume coûteux, il arbore fièrement une Rolex à son poignet, signe de sa réussite sociale. Un Jack Daniel's, son whisky favori, trône devant lui. Il semble de bonne humeur ce soir.

– Bonjour, princesse, je me languissais de toi. Je ne bouge pas du bar, prends ton temps.

Doux comme un agneau, en apparence seulement...

Je le laisse donc finir son verre au bar, et me dirige vers les vestiaires.

La porte à double battant, pratique pour les allées et venues des danseuses, s'ouvre sur George, le manager principal. Son apparence a considérablement changé ces derniers mois. Son costume, autrefois ajusté à la perfection, flotte désormais autour de son corps, témoin d'une perte de poids spectaculaire. À chaque fois que je le vois, cela me prend quelques secondes pour réaliser que c'est bien lui, tant sa transformation physique est impressionnante.

– Tu arrives tard, dépêche-toi d'annoncer ta présence au DJ, tu montes sur scène bientôt.

Si George est presque méconnaissable, son autorité demeure inchangée. Il est responsable de tout le personnel, des danseuses aux barmaids en passant par les serveuses.

Quand il demande à quelqu'un de venir dans son bureau, la personne s'y rend en tremblant. Ici, aucun emploi n'est garanti et les places sont chères, car c'est un endroit où tu peux gagner beaucoup d'argent. Personne ne veut risquer de se faire renvoyer. Il vaut mieux faire profil bas.

– Je serai prête dans cinq minutes.

Je me maquille toujours chez moi, un précieux gain de temps, je n'ai plus qu'à revêtir mon costume de scène et mes bottes, faire quelques étirements et je suis prête.

J'aurais pu choisir de passer par l'entrée des artistes, comme on l'appelle, celle réservée au personnel. Mais j'aime entrer par la porte principale, par laquelle les clients affluent. Cela me permet de m'imprégner de l'ambiance générale et de repérer rapidement s'il y a du monde.

Je traverse un long couloir. La moquette noire usée est arrachée par endroits, elle a l'air aussi vieille que le club lui-même.

Les murs sont couverts d'affiches aux messages variés. Certaines énoncent les règles d'or de la bonne danseuse, d'autres constituent des rappels des obligations que nous devons respecter, il y a enfin un certain nombre de formulaires administratifs.

Un peu plus loin, trône un énorme poster du patron, un cigare crânement fiché entre les lèvres, une image qui semble figée dans le temps, tout comme la moquette. Les clichés ont la peau dure dans ce milieu.

Au détour du couloir, je croise le gang des Cubaines, un groupe de filles au caractère bien trempé. Comme dans tout strip-club, des clans se forment en fonction des origines. Les filles ont tendance à rester entre elles, pour se soutenir mutuellement. Dans cette mosaïque de nationalités, je suis la seule Française, ce que je considère comme un atout. La barrière de la langue peut parfois se révéler une alliée précieuse.

J'arrive dans les loges, l'intensité des tubes néon au plafond renvoie une lumière blanche agressive qui m'éblouit, après l'obscurité du club.

Les murs et le plafond peints en blanc contribuent à cette ambiance lumineuse intense. J'ai fini par comprendre que cela avait une fonction précise : nous empêcher de nous assoupir lors de nos pauses bien méritées. Une astuce bien pensée.

L'atmosphère est saturée d'un mélange enivrant de parfums sucrés, un cocktail olfactif où se mêlent des notes de vanille, de jasmin, et de musc bon marché. Des éclats de rire, des discussions animées et le bourdonnement constant des conversations téléphoniques emplissent l'air d'une cacophonie joyeuse.

Au mur, les dizaines de miroirs réfléchissent une multitude de visages habilement maquillés et de costumes étincelants.

Chaque soir, je suis témoin de métamorphoses stupéfiantes. Des femmes qui semblent tout à fait ordinaires lorsqu'elles pénètrent dans le club se transforment en véritables déesses de la séduction, une illusion de beauté et de mystère derrière laquelle se cache souvent une tout autre réalité.

Éparpillés ici et là, des peignoirs et vêtements gisent sur les sièges. Des restes de repas rapides et des bouteilles d'eau à moitié vides jonchent les tables. Des billets de banque de 1 dollar traînent sur le sol, oubliés par des danseuses pressées.

Les vestiaires s'étirent devant moi, une série de casiers métalliques alignés le long du mur. Le métal brossé, terni par des années d'utilisation, leur confère une apparence à la fois robuste et austère.

Chaque casier arbore le nom de la danseuse à qui il appartient en lettres capitales. Je me dirige vers le mien, où LALY est inscrit de manière simple. Un cadenas à chiffres est fixé solidement à la poignée, garantissant la sécurité de tout ce qui se trouve à l'intérieur.

Comme un rituel bien rodé, je compose la combinaison secrète. Le cadenas cède, et la porte s'ouvre lentement. À l'intérieur, les parois de métal sont ornées d'autocollants, une mosaïque de souvenirs et de mots qui racontent l'histoire de nombreuses soirées passées dans ce club. Certains messages positifs agissent sur moi comme des mantras et m'inspirent pour donner le meilleur de moi-même chaque soir. D'autres, de fans enthousiastes où d'anciennes collègues de travail, me rappellent que je ne suis pas seule dans cette aventure.

Soigneusement accrochés à l'intérieur de la porte, quelques-uns de mes costumes attendent leur tour. J'ai mis en place un système de rangement : quelques boîtes en plastique renfermant parfums, bijoux, tenues, brosses à cheveux, et maquillage. Tout l'attirail d'une strip-teaseuse. J'ai également aménagé une section dédiée aux barres de céréales, et aux sachets de riz prêts à être chauffés au micro-ondes en soixante secondes, une option pratique en cas de soirée agitée. Simple et efficace. C'est comme cela que je travaille. Je n'aime pas perdre mon temps.

J'attrape rapidement mes bottes noires, un deux-pièces avec du strass, le tout assorti à un collier ras du cou. Je dispose mes affaires sur la coiffeuse en face de moi, puis tire une chaise pour m'installer confortablement.

À côté de moi, une autre danseuse s'exerce au sol, exécutant un grand écart avec une grâce qui trahit une formation en danse classique.

La voix nasillarde du DJ résonne dans le haut-parleur, annonçant le prénom de la prochaine danseuse qui montera sur scène. Je mets ma tenue en vitesse, ajustant chaque détail avec précision et remonte la fermeture Éclair de mes bottes avec assurance.

Je me dirige ensuite vers un téléphone mural qui sert à prévenir le DJ de mon arrivée.

Je compose le numéro 120, accès direct à sa cabine.

– Salut, c'est Laly, j'ai combien de temps ?

– Une fille devant toi.

– Impossible, j'ai besoin de quinze minutes.

– OK, je fais mon possible.

Entretenir de bonnes relations avec le personnel est crucial, le DJ joue un rôle essentiel dans ma soirée. Si je lui donne un beau pourboire chaque soir, il sera plus enclin à être accommodant. Cela me permet de choisir les chansons qui rythmeront ma performance, de décider de l'éclairage sur scène, et surtout de l'annonce qu'il fera à mon sujet. Ces détails sont cruciaux pour capter l'attention du public.

Indépendamment de ta personnalité charmante ou de ta beauté, une règle d'or prévaut dans l'industrie du strip-tease : le partage des pourboires est indispensable pour la survie dans le milieu.

C'est le jeu, et il faut en accepter les règles.

J'ai quinze minutes devant moi, suffisamment pour m'imprégner de l'énergie ambiante. Je fais une halte aux toilettes. On y trouve une douche avec tous les produits d'hygiène de base, du bain de bouche aux lingettes pour bébé.

Accrochée au mur, une paire de ciseaux cadenassée à une chaîne métallique au-dessus de laquelle on peut lire : *« Oui, les ciseaux sont cadenassés, car nous ne pouvons plus en acheter 50 par mois. »* Je souris, mais je comprends parfaitement la logique.

La chasse d'eau résonne, une porte s'ouvre délicatement. C'est Haylee, ma petite protégée, comme je l'appelle. Blonde, plutôt mince, ses grands yeux bleus reflètent ce soir une lueur d'inquiétude. Elle tient son ventre, un léger arrondi qui révèle une grossesse de trois mois. Elle préfère dissimuler cette nouvelle vie en elle. Le père de son enfant est incarcéré. Personne n'est au courant à part moi… C'est notre petit secret. Elle continue à danser pour mettre de l'argent de côté. Elle sait qu'elle peut compter sur moi.

– Montre-moi ton ventre ! dis-je doucement.

Elle se relâche et laisse apparaître un beau petit ventre arrondi.

Ça doit être difficile de camoufler sa grossesse alors qu'elle est quasiment nue en permanence toute la soirée. Des larmes coulent sur ses joues tandis qu'elle se blottit dans mes bras.

Je sens sa peine peser sur moi, une émotion palpable qui nous relie dans cet instant de vulnérabilité. Je la serre doucement dans mes bras, cherchant à lui offrir un peu de réconfort.

– Je comprends ta peur, Haylee, mais sache que tu es plus forte que tu ne le crois. Tout ira bien, je crois en toi. Tu seras une maman incroyable.

Sortant un billet de 2 dollars de mon sac, je saisis un feutre à portée de main et dessine un soleil chaleureux sur le petit bout de papier. Je lui offre le billet avec un sourire.

– Prends-le. Un petit soleil de chance pour t'accompagner. Et chaque fois que tu le regarderas, rappelle-toi que demain est un autre jour dans lequel tu pourras avancer et relever les défis avec courage.

– Merci, Laly, vraiment merci. Avoir quelqu'un qui croit en moi, ça fait une énorme différence.

Je le pense sincèrement, elle a déjà traversé tellement d'épreuves. Elle a besoin de réconfort, et je suis là pour elle. Parfois un simple câlin vaut tous les mots du monde. Même si nous n'avons pas grand-chose en commun culturellement ou socialement, nous avons le même objectif : gagner de l'argent. Nous avons laissé de côté notre intimité et notre pudeur corporelle. Sa nudité est la mienne. Nous partageons la même scène, les mêmes clients. Ne restent que nos âmes, si seulement quelqu'un s'y intéresse.

Cinq minutes plus tard, elle reprend courage, rentre son ventre, essuie les larmes qui ont perlé sur ses joues. Un grand sourire illumine son visage et, d'une voix déterminée, elle s'exclame :

– Allons gagner cet argent !

Je me demande alors combien de masques elle est capable d'endosser, combien de rôles différents elle devra jouer ce soir pour préserver son secret.

Il me reste dix minutes, et une odeur de curry envahit les vestiaires. C'est notre « maman » du club qui prépare à manger. Originaire de La Nouvelle-Orléans, c'est un petit bout de femme qui déborde d'énergie et de positivité. Elle veille sur nous comme une mère attentive. Elle prépare les repas, prête une oreille à nos confidences et nous soutient dans les moments difficiles. Elle est un maillon important de la chaîne, elle recoud nos costumes, et joue parfois l'infirmière en cas de blessures. Son but est de nous garder un maximum de temps au travail, en nous procurant tout ce dont nous pourrions avoir besoin.

Elle est en train d'afficher le menu du week-end sur le mur, avec les tarifs.

Vendredi soir, poulet au curry. Samedi soir, lasagnes. Pour 5 dollars…

– Bonsoir, Mom, la salué-je chaleureusement, sachant que c'est ainsi qu'on la surnomme ici.

– Comment vas-tu, ma beauté ? J'adore ton maquillage, tu es superbe ! dit-elle avec un grand sourire. Tu as mangé ? Je te sers quelque chose ?

– Je suis végétarienne, je passe mon tour pour ce soir ! réponds-je en riant légèrement.

– Mais bien sûr, ma chérie, tu sais que je suis toujours là pour te préparer quelque chose de spécial si tu changes d'avis, dit-elle d'un ton joyeux.

– Je sais, Mom.

Pour être honnête, je préfère éviter de manger ici. La marmite géante située près des toilettes, les danseuses à l'hygiène douteuse, tout cela me pousse à rester prudente et à me contenter de mes barres de céréales. Je préfère éviter l'intoxication alimentaire !

Pendant que nous discutons, « Mom » me glisse une information concernant une de mes collègues danseuses.

– Tu es au courant que ta copine Shana s'est fait virer la semaine dernière ? me demande-t-elle.

– Non, je ne savais pas. Il s'est passé quoi ? demandé-je, curieuse.

– Elle a trop bu d'alcool, et s'est mise à agresser les clients, explique-t-elle avec un soupir. C'est vraiment triste de voir des filles se laisser emporter ainsi.

Je soupire à mon tour, sachant que Shana a toujours eu des problèmes avec l'alcool, comme beaucoup de danseuses ici.

– Heureusement que je ne bois pas et que je ne consomme pas de drogues, lui confié-je. J'aime garder le contrôle de moi-même, surtout dans un métier où la tentation est constante.

Elle me rassure ensuite concernant la surveillance accrue dans le club, avec l'ajout de nouveaux micros dans les carrés VIP en plus des caméras déjà présentes.

– C'est pire qu'un casino, tout est sous haute surveillance, me dit-elle avec un petit sourire malicieux. Je me demande même s'il n'y a pas des caméras dans les toilettes.

Je ris à cette idée.

– Je ne serais pas étonnée !

Mom connaît tous les potins du club, elle sait tout, elle voit tout. Mieux encore que tout le système de surveillance.

Une fille nous interrompt en pestant, sollicitant son aide pour ajuster une perruque aux longs cheveux blonds. Elle me lance un regard dépité, laissant transparaître son épuisement alors que la soirée s'annonce longue et complexe. Je ne peux m'empêcher de compatir, sachant combien il doit être mentalement éprouvant de devoir prendre soin d'un grand nombre de filles, souvent capricieuses.

– On se voit plus tard, lui dis-je en m'éloignant.

Il doit me rester cinq minutes avant de passer sur scène.

Je m'installe face à la coiffeuse, prenant un instant pour peaufiner l'image que je renvoie. Je suis grande, la peau mate et une allure athlétique qui contraste avec la féminité exubérante que je vais incarner sur scène. Mes longs cheveux noirs tombent en cascade, atteignant la lisière de mes fesses. J'ai opté pour un maquillage charbonneux qui donne un effet dramatique et mystérieux à mon regard. Je garde un ton neutre sur mes lèvres.

Dans la vie quotidienne, je suis bien éloignée de l'image que je projette ici. Derrière cette façade de séductrice souriante se cache une personne introvertie, qui préfère les soirées calmes à la maison aux fêtes animées. Je suis une passionnée de lecture, souvent perdue dans les pages d'un roman plutôt que sous la lumière des projecteurs.

C'est tout l'opposé de mon métier, et pourtant j'y trouve mon compte. J'aime cette autre facette de moi. Nous cohabitons, chacune apportant un équilibre à l'autre.

Ce métier m'a appris à m'aimer et à accepter mon corps, car il démontre que tu seras toujours le type de quelqu'un, peu importe ton apparence.

Être strip-teaseuse, c'est briser les diktats de la société et embrasser toutes les formes et tailles de corps, que tu sois mince, ronde, cheveux rasés, les fesses refaites, ou dotée d'une petite poitrine.

En une soirée, une danseuse peut rencontrer en moyenne quinze hommes différents, tandis qu'une femme ordinaire en rencontrera peut-être cinq en un an. C'est un exercice formidable pour renforcer son estime de soi.

Bien sûr, certains clients peuvent être très critiques, s'attarder sur des détails physiques, tandis que d'autres passent la soirée à vous complimenter.

Personnellement, je ne me fie qu'à mon propre jugement. Et ce que je vois dans le miroir me convient parfaitement.

J'ai appris à apprécier chaque trait, chaque imperfection, comme une partie de ce qui fait de moi une personne unique. Cette assurance, forgée à travers des milliers de regards et d'opinions, est devenue mon armure. Elle me permet de monter sur scène avec confiance, de me présenter au monde sans crainte.

Le haut-parleur retentit : « Laly, prochaine sur la scène ! »

Certaines filles se retournent en entendant mon prénom.

La scène, c'est mon terrain de jeu, là où j'excelle.

Un dernier regard dans le miroir, j'endosse mon masque, et me lève avec une assurance certaine.

C'est une danse de pouvoir subtile, où l'illusion de la soumission masque la réalité de la domination. Ils voient ce que je veux qu'ils voient, ressentent ce que je veux qu'ils ressentent. Leur désir est une marionnette entre mes mains, manipulée avec précision et finesse. Tout un art…

Le loup entre dans la bergerie, et le loup c'est moi…

# – 2 –

# En scène

Je m'imprègne rapidement de l'énergie de la salle, c'est assez électrique. Il y règne une forte tension émotionnelle, elle couve juste sous la surface. C'est palpable. Une forme d'excitation générale.

Les lumières clignotent, projetant des couleurs vives et intenses sur les gens. J'aperçois Adam, le patron du club, qui me fixe de manière étrange.

Il me fait un petit signe de la tête et détourne les yeux. C'est un peu compliqué entre lui et moi en ce moment. Il m'envoie des textos tous les jours, m'invitant à dîner, ou bien à sortir. J'ai réussi jusqu'ici à décliner poliment ses avances en inventant de fausses excuses, prétendument occupée par le travail, malade ou fatiguée. Mais je sens que je suis à court d'arguments, et cette situation devient de plus en plus malsaine. Il insiste lourdement. Il sait pourtant que je suis mariée, mais il me fait clairement comprendre que, si je ne cède pas, je risque de perdre sa protection au sein du club, voire d'être renvoyée.

Je reporte mon attention sur la scène, je ne ressens aucun stress, aucune nervosité. Pourtant, il faut une énorme dose de courage pour se retrouver nue en seulement trois minutes, scrutée par des inconnus ! Beaucoup de danseuses ont besoin de boire de l'alcool avant de monter sur scène, mais ce n'est pas mon cas. Au contraire, je ressens une forme d'excitation et d'accomplissement, mon corps est libre et sans chaînes, c'est sur scène que s'exprime tout mon être, toute mon âme.

En écoutant le DJ me présenter, je visualise rapidement ma chorégraphie avec la barre de pole dance. J'attrape le chiffon imbibé d'alcool mis à disposition pour nettoyer les barres. C'est à la fois hygiénique et essentiel pour éviter tout accident. Le DJ continue ma présentation, mais je me concentre désormais sur la musique qui démarre. Ce soir, j'ai choisi « Sweet dreams » de Marilyn Manson. Tous les regards sont braqués sur moi, j'adore cet instant où je me tiens juste à l'entrée de la scène, observant tous les gens assis autour de moi. Femmes et hommes de différentes races et religions, des gens aux vies très différentes se retrouvent ici. Un criminel à côté d'un juge, un chanteur de rap à côté d'un écrivain, un couple, un homme seul.

Je prends toujours quelques minutes pour observer mon auditoire. Mon regard se pose sur un couple élégant, la cinquantaine. Elle a l'air plutôt souriante et semble passer un bon moment. Parfois, lorsque les couples viennent dans un club de strip-tease, c'est souvent la volonté du mari, et la femme accepte pour faire plaisir. Je peux en général ressentir le malaise dans ce genre de situation. Cette fois, cela ne semble pas être le cas, mais les apparences peuvent être trompeuses, et il me faudra plus qu'un simple regard pour connaître la vérité.

À leur droite, un homme seul, coiffé d'un chapeau de cow-boy, vêtu d'un jean et d'un tee-shirt blanc. Il doit probablement venir du Texas. Il s'amuse à construire un petit château de papier avec ses dollars, en les empilant soigneusement devant lui sur la scène. Je n'ai jamais vraiment compris pourquoi les hommes font systématiquement cela, peut-être ont-ils besoin de s'occuper les mains. Il n'en reste cependant pas moins intéressant pour moi.

Un peu plus loin, un groupe de gens plus jeunes, la vingtaine, probablement un enterrement de vie de garçon ; cela ne m'intéresse pas, c'est en général beaucoup de bruit pour pas grand-chose. Comprenez par là : « pas beaucoup d'argent ».

J'aperçois également Éric, mon régulier. Rappelez-vous, le neurochirurgien, il est venu me soutenir pour mon passage sur scène. Il a toujours son verre à la main, et semble plutôt calme, du moins en apparence. Tout peut changer si vite avec lui…

Mon tour de table terminé, je me concentre sur la musique…

Je m'avance sur la scène, j'attrape la barre de pole dance et me hisse tout en haut. Le public est enthousiaste et applaudit. Je fais une descente rapide la tête en bas ce qui provoque toujours quelques cris de peur suivis d'une avalanche de billets et de quelques applaudissements.

Ma respiration s'accélère, c'est assez physique. Une fois redescendue au sol, je me déplace de manière lente et sensuelle, je recherche une connexion avec mon public. Je passe lentement ma main dans mes cheveux, et bascule mon corps vers l'avant. Puis je jette soudainement ma tête en arrière, les yeux fermés. Mes cheveux suivent le mouvement et se balancent dans mon dos. Imaginez une vague qui se brise sur le rivage avec force, révélant toute sa puissance. Je ramène ensuite ma tête en position droite tout en faisant glisser mes doigts dans mes cheveux pour les remettre en place. Je souris, c'est mon mouvement préféré. Avec mes cheveux longs, le rendu est très érotique. Je m'approche du couple, la femme a l'air de m'apprécier et me tend un billet de 100 dollars. Le message est clair, elle veut me parler après mon passage sur scène. Je lui souris et glisse le billet à l'intérieur de ma botte. Je jette un regard rapide tout autour de moi. Ce n'est pas seulement une performance physique, c'est aussi le meilleur moment pour voir qui serait intéressé par une danse privée ensuite. Il faut être rapide. Une fois mes muscles échauffés, je me dirige vers la deuxième barre. Sa particularité, c'est qu'elle tourne sur elle-même. Elle est conçue pour effectuer des mouvements en rotation en utilisant la force centrifuge. Je l'attrape à deux mains et, d'un mouvement acrobatique, je me hisse à l'horizontale. Je tourne avec la barre, provoquant l'admiration de mon public. J'enroule mes jambes autour de la barre et utilise mes mains pour détacher mon haut. Je me retrouve seins nus, la tête en bas. Un homme se lève et me jette plusieurs billets de banque, ses voisins en font autant, les billets flottent en l'air comme des confettis dorés, ils brillent sous les lumières tamisées. Certains s'envolent rapidement avant de tomber sur la scène, tandis que d'autres restent en suspension quelques instants, comme si le temps s'était arrêté.

Je savoure ce moment, quelques billets effleurent ma peau nue, je souris avec malice. L'atmosphère est chaude, et tout ce papier qui virevolte ajoute un élément de jeu et de divertissement.

Je vois des billets qui tombent au sol, piétinés par les talons des danseuses.

Un homme attire mon attention en secouant une liasse. C'est le cow-boy, il doit penser m'appâter en faisant cela.

J'ai plutôt tendance à me braquer devant ce genre d'attitude, mais qui contrôle qui à ce moment précis ? On est tous les deux « objectifiés », moi pour mon physique, et lui pour son portefeuille. Je lui donne l'attention qu'il demande en me plantant debout juste devant lui. Étant assis, il est obligé de lever les yeux pour me regarder. Le dominant est dominé. Je lui tourne le dos en lui faisant un clin d'œil, il a aimé, je le sais, je l'ai vu dans son regard.

Mes mouvements sont fluides et sensuels, je sais capter l'attention, et interagir avec mon public. Un regard séduisant au couple, un sourire complice à cet homme en costume. Je lis en eux comme dans un livre. Je les devine. Je suis attentive aux détails, cela me vient peut-être de mon passé dans la police.

Malgré ma nudité j'ai chaud, je sens mon cœur cogner dans ma poitrine. Il me reste encore une chanson pour séduire cette foule. La musique change, devient plus lente, plus sensuelle, elle est parfaite pour des mouvements au sol. Je me dirige au centre de la scène et attrape une bouteille d'eau. Je la porte à mes lèvres et bois lentement en regardant ce public assoiffé de performances. Je prends une dernière gorgée que je n'avale pas, mais que je laisse s'échapper de ma bouche, laissant l'eau couler le long de mon cou, ruisseler sur ma poitrine, mon ventre. Ils m'observent tous, suspendus. Je me laisse glisser au sol en grand écart et en une fraction de seconde je détache mon string comme un strip-teaseur arracherait sa chemise. C'est rapide, esthétique. Je suis désormais entièrement nue. Je ne suis pas vulnérable, je me sens au contraire puissante. Je suis sur mon territoire, et je les plie à mon jeu. Celui de leur faire croire que je danse pour chacun d'entre eux personnellement. Je veux les amener à imaginer par un regard que je suis attirée par eux, par leur personne, pas par leur argent… Ils doivent se sentir désirés, ils doivent oublier leur position sociale, mettre de côté leur timidité. C'est ça, le Graal. Une fois cette connexion établie, je suis sûre à cent pour cent que j'obtiendrai une danse privée. Tout ceci n'est qu'un jeu, chacun des participants en connaît les règles. Je distribue juste quelques cartes.

La deuxième chanson touche à sa fin. Ma nudité fut furtive, il va falloir maintenant ramasser ce tapis de billet. Un agent de sécurité s'approche de moi et me donne un seau à champagne pour entasser vulgairement tout cet argent. Il y en a tellement que je suis obligée de pousser les billets avec mes mains et d'en faire un tas pour ensuite les empiler dans le seau. Je constate que certains sont déchirés en deux, mais je ne m'attarde pas. Je m'exécute, le plus rapidement possible, car une danseuse attend patiemment son tour derrière moi.

Pas le temps de compter, je cours vite au vestiaire, ouvre mon casier et jette le seau dedans. On verra plus tard, il y a ce couple qui m'attend…

## – 3 –

# Le couple

Je les vois, ils sont assis à une table qu'ils ont réservée plusieurs jours à l'avance, sur laquelle sont posées deux coupes remplies d'un liquide doré pétillant. Ils ont l'air à l'aise, confiants, ils se sourient et conversent tranquillement, tout en sirotant leur champagne. Ils ont l'air très proches et complices. Peut-être célèbrent-ils une occasion spéciale. Leurs vêtements sont élégants, soignés, ce qui suggère qu'ils ont pris le temps de se préparer pour cette soirée.

Lui porte un costume sombre impeccablement coupé, avec une chemise blanche. Des chaussures en cuir marron foncé, lustrées, ajoutent une touche de finesse à son apparence. Il est rasé de près et dégage une certaine assurance. Elle arbore une robe assez courte et ajustée, avec un décolleté plongeant. Ses accessoires sont également choisis avec soin. Elle porte des talons hauts qui allongent sa silhouette et lui donnent une allure élancée. Je remarque une pochette en cuir assortie à la couleur de sa robe. Ses cheveux sont tirés en arrière. Leur langage corporel exprime une intimité confortable et une affection mutuelle.

Je note chaque détail avec soin, j'analyse leur comportement, comme le ferait un *profiler*.

Les couples, dans un club de strip-tease, sont les plus difficiles à satisfaire, et peu de danseuses leur accordent de l'intérêt, car il faut souvent passer beaucoup de temps à discuter pour pouvoir créer une alchimie entre le mari, sa femme et soi. Un homme seul est beaucoup plus malléable. Dans ce cas de figure, ce n'est pas une seule personne qu'il faut convaincre, mais deux – et une troisième « personne » encore : le couple. Cela requiert un certain investissement mental et pas mal d'expérience.

Je m'approche, sans trop en faire. Feignant l'indifférence, mais reconnaissante du joli pourboire de 100 dollars donné quelques minutes plus tôt sur la scène. J'ai déjà un plan en tête. C'est sa femme qui décide, je l'ai bien compris, et c'est elle que je vais devoir séduire ; lui suivra.

– Bonsoir, dis-je avec un léger sourire. Je voulais vous remercier pour le pourboire.

Elle se lève de son fauteuil en velours rouge, et me prend dans ses bras, en me félicitant de ma prestation. Elle a adoré. Ce sont ses termes. L'homme me regarde sans plus ; je dirais même qu'il subit. Étonnant, n'est-ce pas ?

Je ne me sens pas très à l'aise, je n'aime pas trop les effusions. Surtout quand elles sont disproportionnées. C'est très américain.

Elle se rassied et m'invite à m'installer sur les genoux de son mari, en clamant haut et fort :

– Elle est superbe, chéri. C'est elle que je veux !

Monsieur tire un fauteuil vers moi. Il a compris à mon regard que je n'ai pas envie de m'asseoir sur ses genoux comme une enfant.

– D'où vous vient cet accent ? me demande-t-elle.

– De France. Je suis française.

– Chéri, tu entends ça ? Elle vient de Paris. C'est si exotique…

– À vrai dire, je suis originaire de Bordeaux. Vous connaissez, peut-être. En raison du vin.

J'utilise souvent cette association entre Bordeaux et le vin. Généralement ça leur parle.

– Vous venez donc d'un village ? C'est extraordinaire ! Les États-Unis, ça doit tellement vous changer. Vous devez être émerveillée, de vivre ici !

Elle est vraiment en train de faire ça, d'essayer de me rabaisser devant son mari en me faisant passer pour une paysanne sortie d'un petit village appelé Bordeaux. Ou bien est-elle vraiment stupide ? Je me pose la question.

Une serveuse se présente à notre table et demande si nous souhaitons quelque chose. Avant même que nous ayons le temps d'ouvrir la bouche, elle passe commande de la meilleure bouteille de champagne à la carte.

Elle veut incontestablement montrer que c'est elle qui a le contrôle. Monsieur doit vraiment avoir quelque chose à se faire pardonner… Tout bien réfléchi, je commence à trouver cela amusant, et si je rentre dans son jeu à elle, je risque de gagner beaucoup d'argent à la fin.

– Je m'appelle Laly, lui dis-je en lui tendant la main.

– Je m'appelle Judith. Et voici, Lucas.

Le pauvre n'a toujours pas prononcé le moindre mot, même pas son prénom. Je ressens un certain malaise chez lui ; il évite le contact visuel et regarde ailleurs. Il a l'air tendu.

J'aperçois la serveuse revenir vers nous avec une bouteille de champagne à 500 dollars et trois coupes.

– Je sens que nous allons passer une très belle soirée ensemble… dit Judith.

Je regarde la serveuse verser le champagne dans nos coupes. Les bulles remontent à la surface et forment une colonne centrale. Je saisis mon verre et le lève en souriant. J'ai déjà mal à la tête, et la nuit ne fait que commencer.

– À cette soirée ! dis-je.

Je trempe à peine mes lèvres et reprends :

– Vous célébrez quelque chose de spécial ?

Un léger blanc s'installe. Je sens une gêne, comme si un sujet délicat venait d'être abordé.

– Disons qu'on a du temps à rattraper, avec Lucas.

Elle le regarde fixement, et ses doigts se crispent imperceptiblement sur sa coupe de champagne.

– J'ai un métier très prenant, dit-il enfin. Et pas beaucoup de temps à consacrer à ma femme. Alors on a décidé de faire une escapade en amoureux à Las Vegas.

Je le sens fébrile, il a perdu cette assurance qu'il avait au premier coup d'œil.

– Que faites-vous, dans la vie, Lucas ?

Cette question va me permettre d'évaluer rapidement si je perds mon temps ou pas.

– Je possède plusieurs sociétés. C'est une charge de travail considérable. Mais cela nous permet de vivre très confortablement.

Il gagne bien sa vie. Maintenant, je vais pouvoir commencer à travailler.

La situation m'apparaît assez claire. J'ai suffisamment d'expérience pour comprendre qu'ils sont là, à Las Vegas, ville de tous les péchés, et au Paradise, dans l'espoir de sauver une énième fois leur couple. De mettre un peu de piment. Peut-être l'a-t-il trompée. Son attitude à elle montre qu'elle lui en veut. Qu'as-tu fait mon cher Lucas ? Je vais le découvrir.

Elle se raccroche désespérément à son mariage. Est-ce qu'elle s'imagine qu'en amenant son mari dans un club de strip-tease elle va pouvoir calmer les ardeurs de son tendre et cher ? Ses gestes sont nerveux, il scrute la salle avec une inquiétude mal dissimulée. Elle veut lui montrer qu'elle est ouverte d'esprit, qu'elle n'est pas jalouse. Elle a probablement passé des heures devant le miroir, essayant de choisir la tenue parfaite, quelque chose de sexy, mais pas vulgaire, pour prouver qu'elle peut être aussi attirante que n'importe quelle danseuse. Mais cela saute aux yeux que lui n'a pas envie d'être ici.

Il est assis, les épaules affaissées, dans l'évitement. Ses yeux parcourent distraitement la scène sans vraiment s'y attarder, comme s'il cherchait une sortie de secours invisible. Il a l'air de traîner un poids, une culpabilité qui alourdit l'atmosphère entre eux. Peut-être est-il ici par obligation, pour apaiser ses fautes, ou plus simplement lassé, désabusé par cette énième tentative de sauvetage.

Elle essaie de sourire, mais c'est un sourire tendu. Elle rit trop fort à ses blagues, tente de le toucher de manière rassurante, mais chaque geste semble exacerber la distance entre eux. Son regard, pourtant, trahit une tristesse profonde, une peur de l'échec. Elle espère que ce spectacle pourra raviver la flamme qui vacille dangereusement.

Je les observe, enregistre chaque détail. La manière dont elle ajuste nerveusement sa robe, ses doigts jouant avec son alliance, comme si le simple contact de ce métal précieux pouvait solidifier leur union chancelante. Lui, en revanche, évite de la toucher, les mains enfouies dans les poches, le regard fuyant. La tension entre eux est palpable, presque tangible, et je me demande combien de temps encore ils pourront tenir avant que tout ne s'effondre.

Certains couples usent des clubs de strip-tease comme d'une thérapie relationnelle. On vient chercher l'excitation, le fantasme, sans prendre aucun risque. Car les règles sont claires, ici : tu ne peux pas toucher. Seulement regarder et imaginer. Tu dois rester à la frontière de ton fantasme. Et moi, je suis cette faiseuse d'illusions. Une sorte d'intermédiaire. Mais parfois, cela n'arrange rien. Bien au contraire…

Je vais donc devoir faire la thérapeute avant de pouvoir négocier une quelconque danse.

Ce métier n'est pas ce que l'on imagine. Enfin si, mais pas dans sa totalité. Il m'arrive très souvent de jouer les médiatrices, quand un couple a des soucis. Ils aiment se confier à moi – c'est moins contraignant que de prendre rendez-vous avec un thérapeute de couples.

Un homme peut tout dire à une strip-teaseuse. Tous ses secrets, tous ses fantasmes qu'il n'avouerait jamais à sa femme, ni même à un psychologue. Il me dira ses mensonges, ses façons de s'en sortir. J'ai la version que sa femme ne connaît pas de lui. Et c'est parfois terrifiant.

Un soir, un homme m'a confié qu'il vivait une double vie, une famille ici, une autre là-bas, des mensonges entrelacés pour maintenir ses deux mondes séparés. Sa femme n'aurait jamais soupçonné une telle duplicité.

J'ai parfois des psychologues eux-mêmes, qui viennent se confier et raconter les histoires de leurs patients. Souvent des histoires très lourdes. Ils viennent ici déposer une charge. Et moi, je dois capter leur émotion, identifier leur envie, leur besoin. Savoir écouter. Sans jamais juger.

C'est moralement et physiquement mille fois plus épuisant que danser…

Je prends la bouteille de champagne et remplis la coupe de Judith. La mienne restera telle quelle toute la soirée. Puis je décide d'aller m'installer sur ses genoux. Ses genoux à elle. Je la sens surprise par mon geste inattendu. Elle se raidit, mais ne bouge pas. Je passe un bras autour de son cou. Elle me sourit. Le contact est établi.

Nous restons ainsi, en parlant de tout et de rien. Nous échangeons des histoires, nous rions et nous plaisantons ensemble. Je dois les mettre en confiance.

Je regarde ma montre : cela fait près d'une demi-heure. Il va falloir que j'accélère. Je ne peux pas passer ma soirée à discuter. Je me lance.

– Que diriez-vous de tester une danse privée avec moi ? On pourrait prendre une nouvelle bouteille de champagne et se mettre à l'écart de toute cette agitation…

Je regarde Judith avec un grand sourire, puis me tourne vers Lucas.

– Vous avez beaucoup de chance, d'avoir une femme si ouverte d'esprit. C'est tellement rare !

Ce moment délicat est calculé. Je sais que jouer sur la corde sensible de l'ego et des apparences peut provoquer des réactions intenses. Judith est maintenant coincée dans un dilemme cruel. Si elle refuse, elle avoue implicitement sa jalousie, contredisant l'image d'ouverture d'esprit qu'elle essaie désespérément de projeter. Accepter, en revanche, signifie mettre à l'épreuve sa propre tolérance et peut-être même supporter une expérience qui la met mal à l'aise.

Cette manipulation est une stratégie courante dans ce milieu. Elle met en lumière les insécurités et les tensions latentes dans la relation. Judith veut se montrer compréhensive et moderne, mais chaque fibre de son être trahit son inconfort. Son sourire se fige, ses yeux cherchent une échappatoire. Lucas, de son côté, est pris entre la culpabilité et le désir de profiter de l'instant, partagé entre le plaisir et la peur de déclencher une crise.

C'est cruel, j'en ai conscience, mais c'est mon métier. Identifier ces failles et m'en servir. Je suis ici pour vendre des danses et la dynamique de ces jeux psychologiques est particulière. J'ai de l'empathie pour ce que je perçois dans ces moments-là, mais je ne suis pas pour autant leur sauveuse. Je suis strip-teaseuse et je fais mon job. C'est pour cela qu'ils sont ici, pour se confronter à leurs propres contradictions et insécurités. Alors, confrontons-les.

– C'est toi qui décides, chérie. Moi je suis là pour te faire plaisir.

Je la sens hésitante. Elle est prise au piège, et elle va sûrement commencer par me donner quelques excuses.

– Eh bien, je pense que j'ai besoin de boire davantage, je ne me sens pas prête, dit-elle.

C'est un grand classique. Je me suis toujours demandé en quoi les gens ont besoin d'être prêts pour une danse. C'est moi, la danseuse, pas eux ! Tout ce qu'ils doivent faire, c'est payer, s'asseoir, et profiter du spectacle.

Je conserve mon sourire commercial, et je commence à énumérer les nombreuses raisons pour lesquelles elle ne devrait pas attendre. En réalité, je ne veux absolument pas perdre mon temps. Je suis ici pour travailler, pas pour converser toute la soirée avec un couple en perdition. Mon temps, c'est de l'argent.

Chaque minute que je passe à essayer de les convaincre est une minute perdue où je pourrais être avec un client plus réceptif. Je jette un coup d'œil discret autour de la salle, repérant d'autres potentiels clients.

– Nous pouvons boire à l'étage, dans un carré VIP apprêté juste pour nous. On n'a pas besoin de rester ici. Et puis… ce serait dommage d'être ivre et de ne pas se souvenir de la danse…

Je replace derrière son oreille une mèche de cheveux. Elle laisse échapper un profond soupir et se décide soudain.

– Tu as raison, allons-y ! J'ai juste besoin de m'absenter aux toilettes une minute.

Je me lève pour lui permettre de faire de même. Je la regarde s'éloigner ; j'ai quelques minutes pour convaincre son mari.

Il paraît maintenant plus paisible et me regarde fixement.

– Pour être honnête, me dit-il, c'est son idée, pas la mienne.

Feindre la surprise.

– Oh, vraiment ? Vous n'aviez pas envie d'être là ?

– Dans d'autres circonstances, probablement, dit-il en me regardant avec insistance.

Il me déshabille du regard. Alerte rouge. Il faut que je désamorce cette situation avant que sa femme revienne.

– Oh, et quelles circonstances seraient appropriées ? demandé-je avec un sourire amusé, bien que mes pensées s'agitent en arrière-plan. Il se rapproche de plus en plus, son regard se fait plus intense.

– Si je vous avais rencontré ailleurs, dans un cadre plus intime, peut-être… vous et moi, seuls.

Son sourire se fait plus suggestif. Je pourrais presque rouler des yeux. C'est toujours la même histoire. Les hommes pensent que parce que je suis strip-teaseuse, je vais automatiquement tomber sous leur charme irrésistible. Je garde mon sourire, jouant le jeu.

– Vraiment ? Vous avez l'air très sûr de vous.

Il rit doucement, visiblement flatté.

– Oui, je le suis.

– Eh bien, c'est très flatteur, Lucas.

Je baisse légèrement la voix, me rapprochant juste assez pour maintenir son intérêt sans aller trop loin.

– Mais n'oublions pas, nous devons nous assurer que votre femme passe aussi une bonne soirée. Après tout, c'est elle qui a eu cette merveilleuse idée, et cela pourrait vous rapprocher.

Je n'en pense pas un traître mot. Cela va surtout aggraver leur situation. Si elle n'éclate pas de jalousie pendant la danse, elle le fera sur le chemin du retour vers leur hôtel. Pourvu que ce soit après, c'est tout.

J'ai déjà vécu des situations similaires. Un couple me demande une danse privée, tout a l'air d'aller bien et, soudain, ça dégénère. Une claque, des hurlements. La sécurité doit intervenir, et ce n'est pas beau à voir. Je n'aime pas du tout assister à ce genre de scène, c'est assez désolant. Je ne m'en sens pas pour autant responsable, car le problème ne vient pas de moi. Je suis juste l'élément déclencheur.

– Quelles sont les options ? me demande-t-il. J'imagine qu'il y a différents tarifs ?

Il sait. Ce n'est pas sa première fois dans un club de strip-tease.

– Ça dépend du genre d'homme que vous êtes, Lucas.

Mon regard est provocateur. J'adore poser cette phrase, elle met l'homme dans une position incertaine. Et, à coup sûr, il va vouloir prouver qu'il est un homme qui a les moyens, et qui contrôle la situation. Je lui laisse même entrevoir une légère ouverture avec moi.

– J'aimerais beaucoup que ma femme s'amuse. On se dispute beaucoup, ces derniers temps. Je l'ai trompée, et elle l'a découvert. C'est un peu ma dernière chance.

– Pourquoi avoir choisi un strip-club ? C'est particulier, non ?

– Je pense qu'elle veut essayer de pimenter notre couple. Tout en ayant le contrôle sur ce qui se passe. J'aimerais que vous dansiez pour elle. Moi, je vais me contenter de regarder.

Comme c'est adorable, me dis-je.

Je la vois qui revient avec un grand sourire. Je remarque qu'elle s'est remis du rouge à lèvres.

– Je suis prête. Où se passe cette danse privée ?

Elle a l'air tout excitée.

– Suivez-moi, nous allons à l'étage.

Il faut vraiment que je me concentre, maintenant. Je passe du statut de danseuse à celui de commerciale qui devra vendre une danse privée à ce couple au tarif le plus élevé. L'exercice est ardu. Je réfléchis très vite, au fur et à mesure que nous montons les marches qui nous mènent aux carrés VIP.

Un membre de la sécurité nous attend en haut. Il défait la chaîne qui sépare les espaces. Le *floor* pour tous, l'étage pour les privilégiés. Comme une démarcation.

– Bonsoir ! dit-il en minaudant.

Le piège se referme petit à petit. Une fois que vous êtes arrivés en haut, il est difficile de redescendre.

– N'ayez pas peur, suivez-moi, dis-je.

Je les sens encore hésitants. Il faut dire que l'ambiance est un peu celle d'une maison hantée : à la fois effrayante et fascinante. Les couleurs sont plus sombres, et les éclairages faibles. C'est plus calme, aussi. Un labyrinthe de miroirs où l'on peut voir la réflexion qui renvoie à l'infini les corps des filles nues en train de danser. Le décor est d'époque ; le patron a gardé cette ambiance des années 1960.

Certains prétendent que le club est hanté. Des meurtres ont été commis, ici, à l'époque où la mafia détenait une partie de Las Vegas. Personnellement, j'ai déjà ressenti des choses bizarres. L'impression d'être suivie. Ou bien une sensation de froid extrême, alors que la température de la pièce était normale. Il y a parfois des bruits étranges aussi, comme des coups, des grincements. Un jour, à l'ouverture du club, alors qu'il n'y avait que le DJ et moi dans l'établissement, je me rappelle être montée à l'étage et avoir vu un fauteuil traverser la pièce. Paniquée, j'étais redescendue en courant pour le raconter au DJ. Il n'était pas surpris, et m'avait raconté qu'il avait vécu des expériences similaires. Une équipe de chasseurs de fantômes est même venue enquêter pour un show télévisé. Certains clients viennent par curiosité – dans l'espoir, peut-être, de croiser un fantôme…

J'évite d'en parler, je n'ai pas envie d'effrayer les clients. Après tout, je suis ici pour vendre du rêve, pas un cauchemar.

Fantasy Land. Nous y voilà. Deux énormes portes en verre devant nous. C'est un peu comme entrer dans un manège à sensations : vous ne savez pas vraiment ce qui vous attend, et vous êtes partagé entre l'excitation et l'envie de prendre vos jambes à votre cou. La peur de l'inconnu et l'envie de faire de nouvelles expériences.

Shawn, un des managers, est assis derrière un bureau. C'est lui qui s'occupe des transactions financières. Quand il n'est pas en train de dormir, ou de manger. C'est un grand gaillard aux épaules larges et à la peau foncée. Il a un regard de panda, avec des yeux doux et ronds qui expriment une forme de mélancolie. Il est empreint d'une certaine sensibilité. Surtout quand les clients lui tendent une carte American Express Black.

Il semble presque endormi, les yeux mi-clos et la tête penchée. Il respire lentement, comme s'il était dans un état de semi-conscience, et semble peu enclin à se mettre au travail.

– Shawn, c'est Laly, il y a du monde !

Il redresse la tête et affiche son sourire le plus charmant pour dissimuler cette brève absence. Je jurerais qu'il était en train de dormir. Je sais à quel point travailler de nuit est difficile, surtout passé la quarantaine. Le manque de sommeil, les heures décalées, tout cela pèse sur le corps et l'esprit.

– Salut, Laly ! Tu es la première à ouvrir le bal, ce soir. Comme d'habitude.

Il regarde Judith et son mari.

– Vous avez choisi la plus belle danseuse du club ! C'est la meilleure, tout le monde l'adore.

Ça y est. Il va nous ressortir le même discours qu'à chaque client. Il n'en pense sûrement pas un mot, mais ça les rassure ; ils ont l'impression d'avoir fait le « bon choix ». Il fait le coup avec toutes les danseuses – ce qui permet de justifier le pourboire que l'on est de toute façon obligées de lui donner.

Ça a l'air de faire son petit effet, cependant. Judith est ravie.

– Nous l'avons remarquée immédiatement lors de son passage sur scène ! J'ai su que c'était elle que nous choisirions…

J'esquisse un sourire forcé.

Ce sourire est devenu une seconde nature pour moi, une sorte de réflexe pavlovien. On me complimente, je souris. Mais à l'intérieur, je suis loin d'être aussi enthousiaste. Ce sourire est une façade, un masque professionnel. Il cache mon scepticisme face à ce flot de compliments recyclés et de discours préfabriqués.

– J'imagine que vous allez prendre au moins trente minutes, avec Laly. Vous ne serez pas déçus… Je n'ai jamais eu aucune plainte !

Voilà qu'il nous sort la carte de l'humour, maintenant. Il faut que je reprenne les choses en main avant qu'il ne fasse tout foirer. Je ris doucement pour maintenir l'atmosphère légère.

– Merci, Shawn. Toujours aussi charmant !

Je me tourne vers Judith et Lucas avec un sourire éclatant.

– Venez, suivez-moi, je vais vous faire visiter. Depuis la crise du Covid, ils ont changé pas mal de choses ; le patron a créé de nouveaux espaces lounges, avec différents thèmes.

Je tire un rideau :

– Voici la Velvet Room. Je vous en prie, entrez.

Ils s'avancent à l'intérieur de la pièce, plongée dans une pénombre intimiste et feutrée. Seule la luminosité d'un écran mural brille dans un coin. Mais ce qui attire vraiment l'œil, c'est l'énorme canapé rouge en velours, qui trône au centre. Il semble presque engloutir tout l'espace, comme s'il était l'unique raison d'être de ce lieu. J'observe ses formes voluptueuses et son revêtement doux, tentée par l'envie de m'y lover. L'atmosphère chaleureuse et cosy donne l'impression de pénétrer dans un cocon.

Je m'avance vers le canapé, que je caresse du bout des doigts.

– C'est ma *room* préférée, dis-je. Mais c'est aussi celle que tous les couples choisissent…

Cela s'appelle de la manipulation, je crois. Je n'ai pas envie de leur faire visiter les dix *rooms* du club. J'ai choisi celle-là et, par conséquent, il faut qu'ils la choisissent aussi. Mais qu'ils aient le sentiment que ça vient d'eux.

Je vois leurs regards s'illuminer, comme si j'avais partagé un secret bien gardé. Judith échange un regard avec Lucas, et je peux presque voir le déclic s'opérer dans leur esprit.

– Vraiment ? Tous les couples choisissent cette *room* ? demande Judith visiblement impressionnée.

– Absolument. Elle a une ambiance particulière, une intimité que les autres n'ont pas.

J'embrasse la pièce d'un geste large pour montrer le canapé, les lumières tamisées, et la décoration soigneusement choisie pour créer une ambiance chaleureuse.

– Je l'adore ! dit Judith. On s'y sent tellement bien. Chéri, viens t'asseoir sur ce canapé. Il est si moelleux.

Je la regarde s'enfoncer dans les coussins.

– Et vous, Lucas ? Vous aimez ?

Je sais que sa réponse n'a aucune importance. C'est elle qui décidera de tout, désormais.

– C'est parfait.

Il joue l'homme obéissant.

– Je vous propose de la réserver pour une heure, qu'en dites-vous ? Le temps passe si vite que c'est vraiment le minimum pour en profiter et se laisser aller.

J'adresse un regard complice à Judith.

– Oh, oui ! Une heure, ça me semble très convenable ! dit-elle d'un ton enjoué.

– Bien, nous allons devoir régler avant. Et choisir la bouteille de champagne que vous désirez boire.

Elle se relève avec précaution, réajustant sa robe d'un geste élégant, et se dirige vers la sortie, suivie de Lucas. Je sens mon cœur taper dans ma poitrine. C'est à moi de fixer le tarif, maintenant.

Il existe des prix fixes qui vont jusqu'à trente minutes, et qui sont réglementés par le club. Au-delà, vous faites ce que vous voulez. C'est à la tête du client. C'est un peu comme au poker. Après avoir abattu vos cartes et révélé vos intentions, il vous reste le coup final à jouer. L'intuition et l'expérience. Si j'annonce un tarif trop élevé, je risque d'essuyer un refus catégorique, voire de braquer complètement le client, qui se sent abusé et prend la fuite, littéralement. J'en ai déjà vu partir en courant. Au contraire, si mon tarif est trop faible, ça peut être interprété comme étrange.

Je réfléchis à toute vitesse et tente de me rappeler tout ce que Lucas m'a dit. Il a plusieurs sociétés et, surtout, il a trompé sa femme. Il n'est donc pas en position de dire non.

Shawn me regarde avec son air de merlan frit, la main sur le terminal de paiement automatique.

– Vous avez choisi votre bouteille de champagne ?

Je pousse la carte vers eux, leur permettant de se pencher dessus. Ça me laisse un laps de temps supplémentaire, et me permet de voir quelle bouteille ils vont choisir.

– Laly est française, c'est une spécialiste du champagne, dit Shawn.

À mesure que la transaction se rapproche, on sent chez lui un regain d'énergie, une légère poussée d'adrénaline. Pour moi qui n'ai jamais bu une goutte d'alcool, c'est un comble. Il a surtout envie que je désigne la bouteille la plus chère, parce qu'il récupère une grosse commission dessus. Il faut même que j'effectue son travail.

Je lui lance un regard noir et fais mine d'examiner avec expertise la liste des appellations de champagne. Quelle arnaque : un moët-et-chandon à 300 dollars. En France, ça coûterait à peine 50 euros.

– Dom-pérignon est un excellent choix. Rosé, de préférence.

700 dollars la bouteille. À ce prix-là, j'espère qu'il est délicieux.

Je regarde Lucas ; il ne sourcille pas.

– Eh bien on va faire confiance à la Française ! Nous prenons celle-là.

Shawn transpire. Des gouttes de sueur apparaissent sur son front. Je viens de lui faire gagner une belle somme.

– Vous réglez en carte bleue ou en cash ?

– Ils vont régler en carte bleue, dis-je.

S'ils ont du cash, je préfère le garder pour moi. Cela présente quelques avantages. D'une part le club ne peut pas me retenir la commission de trente pour cent qui est automatiquement imputable quand le client paie en carte. D'autre part, quand vous êtes payée par carte, vous devez aller récupérer votre argent à la fin de la soirée dans le bureau du manager – qui attendra de vous une partie de la somme, sous peine d'être renvoyée. Du pur racket. Alors qu'avec le liquide, zéro perte. Comme je ne touche rien sur la vente de la bouteille, autant qu'elle passe en carte.

À mon tour, maintenant. Il faut que j'annonce mon prix.

Étant issue d'une famille modeste, mes parents m'ont inculqué très tôt la valeur de l'argent.

J'ai donc commencé à travailler à l'âge de 16 ans, je faisais les marchés le dimanche matin, où je vendais des fruits et légumes. Je commençais à l'aurore et finissais vers 13 heures. C'était difficile, car j'étais encore au lycée, et au lieu d'aller faire la fête le samedi soir en discothèque, j'allais me coucher très tôt. Je gagnais l'équivalent de 50 euros. Pour moi, c'était énorme. Surtout, ça me permettait d'avoir une vie sociale avec mes amis, de pouvoir aller boire un café à la sortie des cours par exemple.

J'ai donc conscience que ce que je m'apprête à demander est exorbitant.

Je vois le ticket de caisse sortir du terminal de paiement, ils viennent de payer la bouteille.

Shawn leur fait signer le reçu, et fait une photocopie de leur carte d'identité. Simple mesure de sécurité.

Il faut que je me lance, que j'annonce mon prix. Mon cœur s'accélère et je sens une légère moiteur dans mes paumes. Chaque fois, c'est une épreuve pour mes nerfs. Je m'adresse directement à elle, essayant de maintenir une voix assurée.

– Une heure ensemble vous coûtera 2 500 dollars. Vous allez adorer, nous allons passer un super moment !

J'essaie de me convaincre moi-même, en disant cela de manière très enjouée. Mon sourire est large, mais à l'intérieur, je suis tendue comme une corde de violon. Si c'est trop cher pour eux ? S'ils refusent, tout ce temps passé à les convaincre sera perdu.

Elle tourne les yeux vers Lucas, qui me regarde avec une expression indéchiffrable, probablement celle de celui qui se demande dans quel pétrin il se trouve. Le silence s'étire, et chaque seconde semble durer une éternité.

Je sens la panique monter, mais je ne peux pas me permettre de les laisser réfléchir trop longtemps. Je dois garder le contrôle de la situation.

– Vous payez en cash ? Si vous n'avez pas assez, il y a un distributeur juste derrière vous.

Je garde mon sourire, mais mon esprit est en alerte maximale. Je scrute leurs réactions, cherchant le moindre signe, d'acceptation ou de rejet. Lucas plonge la main dans sa veste et en sort une liasse de billets soigneusement pliés.

– J'avais prévu 3 000 dollars en liquide, dit-il de sa voix teintée d'un mélange de fierté et de résignation.

Je réprime un soupir de soulagement.

– Parfait, il reste même de quoi me donner un pourboire !

Je dis ça de manière pas si innocente que cela. Le message est passé. Judith esquisse un sourire, légèrement amusée.

Shawn, le manager, intervient alors pour s'assurer que tout est clair.

– Vous me confirmez donc que vous donnez 2 500 dollars à Laly pour une heure ?

Son ton est professionnel, mais son regard est attentif, scrutant la réaction du couple. Il fait cela pour s'assurer que le client a bien conscience de ce qu'il s'apprête à dépenser, qu'il n'y ait pas de plaintes par la suite comme quoi il était ivre, ou ne savait pas ce qu'il faisait. Croyez-moi, il y a des lendemains difficiles pour certains, lorsqu'ils découvrent que leur compte en banque a pris une claque après leur passage dans un club de strip-tease. Ils appellent alors leur banque pour faire opposition, tentant de récupérer leur argent en prétendant qu'ils n'étaient pas en pleine possession de leurs moyens.

Lucas acquiesce, me tendant les billets.

– C'est correct.

– Une serveuse va s'occuper de vous dans un instant, votre heure commencera quand vous aurez la bouteille. Amusez-vous bien !

Shawn va pouvoir reprendre sa sieste, son travail s'arrête là. Il est censé surveiller les caméras de sécurité pour s'assurer que je ne me fais pas agresser, mais cela va bien au-delà de ses compétences.

En fin de compte, gérer un couple est plus ardu qu'il n'y paraît, cela demande une vigilance constante, une lecture attentive de leurs réactions et une capacité à désamorcer les tensions avant qu'elles n'éclatent.

Nous sommes installés sur le canapé, attendant patiemment l'arrivée de la serveuse.

Judith a enlevé ses escarpins, et Lucas s'affaire sur l'écran mis à disposition pour pouvoir choisir une musique d'ambiance.

– Vous êtes plutôt pop des années 1980 ou plutôt rock'n'roll ?

– Ce que tu veux chéri, mais dépêche-toi de nous rejoindre.

« Roxanne », de Police, retentit dans la pièce, Judith semble émue, je la vois sourire puis se lever et commencer à bouger doucement au rythme de la musique. Elle entraîne Lucas avec elle, et ils se mettent à danser ensemble, les mains entrelacées. La chanson les transporte dans un autre temps, leur rappelant probablement des souvenirs heureux et insouciants.

Le rideau s'ouvre, la serveuse fait son entrée.

– Désolée d'interrompre ce moment, je vous apporte votre bouteille de champagne !

Elle pose délicatement trois flûtes sur la petite table basse et débouche avec agilité ce champagne millésimé, aux reflets dorés et à l'étiquette élégante.

Le champagne coule dans les verres avec un léger tintement, emplissant la pièce d'une odeur fruitée. Je tends une coupe à mes nouveaux amis et nous trinquons à cette soirée.

Je viens d'enclencher discrètement sur ma montre connectée le chronomètre pour une heure. Il va falloir que je gère mon temps, ça va être long.

Je décide d'ôter mes bottes, et demande à Lucas de m'aider. Il s'agenouille devant moi et commence à retirer délicatement mes bottes en ouvrant la fermeture Éclair. Elles glissent facilement, révélant mes jambes parfaitement épilées. Il les pose soigneusement sur le sol et se tourne vers moi.

Voilà ce que tu cherches Lucas, une femme qui te domine.

Je termine à peine ma réflexion que Judith se lève du canapé de manière déterminée.

– Apprends-moi à être comme toi. Je ne sais pas comment faire pour avoir cette attitude.

C'est un cas de figure qui m'arrive assez souvent. J'ai un côté autoritaire qui attire les hommes. Mes cheveux couleur ébène et mon regard foncé renforcent ce côté confiant que je dégage. Cela fait partie des atouts que j'accentue par ma tenue, d'où les bottes, l'ensemble noir à strass et le ras-de-cou. À cela, vous ajoutez un maquillage charbonneux, et me voilà transformée en domina. Tout l'inverse de ce que je suis dans la vraie vie. C'est un jeu de rôle auquel je me prête quand je travaille. J'interprète un personnage.

Lucas semble trouver un certain lâcher-prise dans cette expérience. Il est évident que ces deux-là ont besoin d'aide pour apprendre à communiquer et à se faire confiance.

Les hommes ont souvent honte, ou se sentent gênés de révéler à leurs femmes leurs fantasmes. Ils ont ce rôle de protecteur qui pèse sur leurs épaules, alors parfois, se laisser aller, lâcher la pression passe par ce genre d'expérience.

Mon rôle pendant cette heure sera de les aider à se rapprocher, et à partager quelque chose d'unique ensemble.

J'invite Lucas à se relever et le pousse gentiment sur le canapé. Je le regarde fixement, de manière assurée, puis je détache mon soutien-gorge et le donne à Judith. Il est assis, les mains sur ses cuisses et semble avoir oublié où il se trouve. Il est comme hypnotisé. Je m'avance lentement, et monte debout sur le canapé, face à lui. Je prends son menton d'une main et lui relève le visage vers moi. C'est un autre Lucas que je vois. Il aime ça. Judith nous observe, comme si elle essayait d'enregistrer tous mes gestes. Ses yeux suivent chacun de mes mouvements, une lueur d'envie et de fascination dans le regard.

Je commence à danser sensuellement devant lui, ondulant du ventre, caressant ma poitrine, sans cesser de le fixer. Je remarque son tremblement lorsque j'expire au niveau de son cou. Il se lèche les lèvres. Son cerveau a court-circuité, je vois qu'il a oublié que sa femme est assise à côté de nous.

L'air est lourd de tension et de désir. Je prends la main de Judith et l'amène à la poser sur son mari. Elle hésite un instant, surprise par le contact de la peau chaude de Lucas sous ses doigts. Le pire pour une femme est de sentir que son homme est en érection pour une autre, et c'est le cas. Je vois la lucidité se peindre sur son visage, un mélange de jalousie et de curiosité appelant deux réactions ; soit elle se vexe et le gifle, soit elle rentre dans le jeu par compétition envers moi et se transforme soudainement en strip-teaseuse.

Dans la majorité des cas, l'ego prend le dessus, et elles veulent prouver qu'elles aussi sont capables de le faire. Se mettre nues, et danser. Judith ne fait pas exception. Ses mouvements sont hésitants au début, mais rapidement, elle se laisse emporter par l'excitation et le désir de prouver quelque chose.

C'est parfait, parce que je vais pouvoir pendant ce temps-là me reposer et les regarder s'allumer. Je m'assieds sur le bord du canapé, et observe la scène devant moi. C'est fascinant de voir à quel point elles abandonnent leur pudeur extrêmement vite et deviennent des danseuses complètement dévergondées.

Judith enlève sa robe et se retrouve en sous-vêtement, elle essaie de reproduire ce qu'elle m'a vue faire quelques minutes auparavant. Je le regarde, lui, il a besoin que je le fixe pour rester dans le jeu. Je souris malicieusement en faisant semblant de siroter mon champagne.

Le vrai secret réside non pas dans le degré de nudité que vous affichez, mais dans la façon dont vous assumez celle-ci, en étant fière et sûre de vous au lieu de ressentir de la honte. Le pouvoir d'une femme n'est pas de convaincre un homme de sa beauté, mais de s'en convaincre elle-même.

Elle a l'air d'apprécier sa performance, et ne manque pas de se regarder dans les miroirs. C'est la magie des clubs de strip-tease. Le masque social tombe et révèle parfois des personnalités hautes en couleur.

– Laly, approche, je veux danser pour toi !

Judith ordonne, sa voix pleine de confiance et d'arrogance.

Je n'ai pas du tout envie de subir ça, et pourtant il va falloir. C'est pourquoi je suis payée 2 500 dollars. Je lui lance mon plus beau sourire et m'approche d'elle.

– Mets-toi à côté de Lucas !

Bien que cette situation soit grotesque, je m'exécute, et m'installe à côté de lui. Je la regarde se déhancher de manière maladroite devant moi. Il n'y a rien de sexy, les gestes sont trop rapides, brusques parfois.

Je sens Lucas se raidir à côté de moi, partagé entre l'embarras et une tentative désespérée de soutenir sa femme.

On subit, mais on lui sourit.

C'est dur. C'est pour ça que mes prix sont élevés, à la hauteur de la pénibilité, pour la capacité à supporter ces moments d'inconfort et de faux-semblants.

Assise là, je ressens une profonde dissonance. Ce métier que j'ai choisi par passion et indépendance est aussi celui qui me confronte à des situations absurdes, voire humiliantes. Ce n'est pas le déshabillage en soi qui est difficile, c'est l'obligation de faire semblant. Faire semblant de s'amuser, faire semblant d'être séduite, faire semblant que tout a du sens, alors que parfois il n'y en a pas.

La difficulté réside dans la gestion des attentes des autres. Les clients voient en moi une figure fantasmée, une incarnation de leurs désirs. Ils ne voient pas la fatigue, l'usure émotionnelle, les moments de doute. Pour eux, je suis une image, une projection de ce qu'ils souhaitent. Mais derrière cette façade, il y a une personne qui, parfois, se demande ce qu'elle fait là.

Cette constante nécessité de performance et ce besoin de maintenir une apparence de perfection et de séduction sont épuisants.

Ma montre émet une légère vibration, je dois en être à la moitié du temps.

Elle se tourne vers moi, ses yeux brillant d'un mélange de défi et d'arrogance.

– Alors, comment je m'en sors ? demande-t-elle.

– Judith, tu te débrouilles vraiment bien. Pour quelqu'un qui n'a pas l'habitude, tu as un talent naturel.

Elle continue de danser, ses mouvements deviennent de plus en plus désordonnés, l'alcool n'aide pas. Lucas essaie de l'encourager, mais ses mots sonnent creux.

– Tu es superbe, chérie. Continue.

Je jette un coup d'œil à Lucas, dont l'expression oscille entre soutien et désespoir. Il est évident qu'il est aussi mal à l'aise que moi. Ses mains se tordent nerveusement sur ses cuisses, et son sourire forcé ne parvient pas à masquer son embarras.

Judith redouble d'efforts, et alors qu'elle tente un tour gracieux, ses pieds se prennent dans le tapis, et elle s'effondre lourdement au sol. Un silence gênant envahit la pièce.

– Oh, allez, ce n'est rien, dit-elle en se relevant, le visage rouge de honte, mais essayant de paraître nonchalante. Je suis sûre que même toi, Laly, tu es déjà tombée.

– Ça arrive à tout le monde, ne t'inquiète pas.

– Pourquoi ne pas faire une pause? suggéré-je doucement, espérant mettre fin à cette scène sans la vexer.

Elle s'arrête, haletante, et se laisse tomber sur le canapé à côté de Lucas.

– Oui, je pense que c'est une bonne idée, dit-elle en essuyant la sueur de son front.

Puis elle ajoute avec un air de défi :

– Mais avoue que je me débrouille mieux que toi.

Je propose de remplir leur coupe. Lucas semble soulagé de l'échappatoire, son sourire paraît un peu plus sincère.

Je fais mine de chercher une musique pour me donner un peu de répit. Je les vois se parler à l'oreille, leurs murmures étouffés par la musique de fond.

Je sens leurs regards posés sur moi, surtout celui de Judith. Elle me regarde avec envie, comme si j'étais quelque chose de comestible. C'est un regard que je connais trop bien.

Je sais ce qui va se passer à cet instant. Je connais bien les couples. Ils viennent ici à la recherche d'excitation, d'un frisson qu'ils ne trouvent plus dans leur routine quotidienne. Ils veulent toujours plus, et souvent c'est la femme qui mène cette quête. Pour retrouver une part d'elle-même qu'elle pense avoir perdue, ou pour prouver qu'elle peut encore séduire, encore captiver.

Judith veut me surpasser, montrer à Lucas qu'elle peut être aussi séduisante, aussi captivante que la danseuse professionnelle qu'il regarde avec fascination. Son regard, ses gestes trahissent ses insécurités, ses doutes.

Ce qu'elle ne sait pas, c'est que pour moi, ce n'est qu'un autre soir, une autre performance, un autre couple…

– On te veut.

– Pardon ? Je n'ai pas entendu avec la musique.

(J'ai très bien entendu…)

– Lucas et moi, on aimerait que tu nous rejoignes dans notre chambre d'hôtel quand tu auras fini.

Elle me dit ça de la manière la plus naturelle du monde, comme si elle demandait l'addition au restaurant. Son ton est désarmant de simplicité. Je prends une respiration profonde, essayant de cacher mon malaise. Une autre épreuve de ce métier, où les frontières de la décence et de la profession sont sans cesse testées.

J'ai l'habitude, et je suis parée à ce genre de situation.

– C'est très flatteur vraiment, mais certaines lignes ne doivent pas être franchies, je ne suis pas à vendre.

Ma voix s'est faite douce, je ne veux pas les vexer.

Elle fait une petite moue triste, comme une enfant gâtée à qui l'on vient de dire non.

Lucas, lui, reste silencieux, mais ses yeux trahissent une légère frustration.

– Oh, allez, Laly, c'est juste pour s'amuser, insiste-t-elle, son ton suppliant contrastant avec son air assuré d'il y a quelques minutes.

– Je comprends que vous ayez envie de pimenter votre soirée, mais ce n'est vraiment pas possible.

Je garde le sourire, mais ma voix est ferme. Lucas intervient enfin, essayant de jouer la carte de la persuasion.

– On peut te payer plus, si c'est une question d'argent.

Je secoue doucement la tête, refusant poliment, mais catégoriquement.

– Ce n'est pas une question d'argent. C'est une question de principe, je suis ici pour danser, rien de plus.

Le silence qui suit est lourd, presque palpable. Je sens leurs regards peser sur moi, évaluant, jugeant.

Judith brise enfin le silence, sa voix teintée de déception et d'irritation.

– Tu te prends pour qui, franchement ? Tu es là pour nous divertir, non ?

Je prends une inspiration profonde, gardant mon calme.

– Je suis ici pour danser, Judith. C'est tout.

Lucas, visiblement mal à l'aise, tente de calmer les choses.

– Chérie, arrête, ce n'est pas ce que tu penses. Laly a des limites, comme tout le monde.

Judith se lève, chancelante, ses yeux emplis de colère.

– Des limites ? On vient de te payer une fortune et tu nous refuses ça ? C'est ridicule !

Elle commence à se diriger vers moi, mais Lucas l'attrape par le bras, essayant de la retenir.

– Ça suffit, Judith. Tu es ivre.

Je me rhabille calmement, sentant que la situation pourrait dégénérer à tout moment. Je ramasse sa robe et la lui tends avec un grand sourire.

– Enfilez ça vite avant que le manager ouvre le rideau et vous trouve dans cette tenue.

Judith semble comprendre pour la première fois où elle se trouve. Elle baisse les yeux sur ses vêtements, et un éclair de lucidité traverse son regard. L'alcool n'aidant pas, elle titube et s'assied lourdement sur le bord du canapé, l'air abasourdi.

Lucas se confond en excuses.

– Je suis vraiment désolé pour tout. Ce n'était pas censé se passer comme ça.

Je lui adresse un sourire rassurant.

– Ce n'est rien, Lucas. Ces choses-là arrivent. J'espère que vous avez passé un bon moment ? dis-je, tentant de détendre l'atmosphère.

Lucas acquiesce rapidement.

– Oui, vraiment, merci.

Il me tend discrètement les 500 dollars restants, en guise de pourboire ou pour se faire pardonner du comportement de sa femme.

Ma montre vibre, m'annonçant la fin de cette danse. Je soupire de soulagement. Il était temps, quelques minutes de plus et tout aurait pu dégénérer. Judith a du mal à tenir debout et s'accroche au bras de son homme.

Elle me lance un dernier regard, cette fois empreint de confusion et de regret.

– Tu es sûre que tu ne veux pas venir avec nous ? tente-t-elle une dernière fois, la voix vacillante.

– Non merci. Passez une bonne soirée, dis-je fermement dans un sourire.

Je tire le rideau et les regarde quitter cette pièce. Nos chemins se séparent ici. Une part de moi ressent un léger soulagement, comme une tension qui se dissipe lentement. Ces interactions, bien que routinières, laissent toujours une empreinte. Je prends un moment pour respirer profondément, savourant le calme momentané avant la prochaine danse.

Je m'assieds sur le canapé, laissant mes pensées vagabonder un instant. Les mots de Judith résonnent encore dans mon esprit, sa proposition si directe, presque innocente. C'est fascinant de voir comme les gens, lorsqu'ils sont confrontés à leurs désirs les plus profonds, peuvent franchir des frontières qu'ils n'auraient jamais imaginées.

J'ouvre mon sac et vérifie que j'ai bien mes 3000 dollars. La sensation des billets sous mes doigts est à la fois réconfortante et révélatrice de la réalité de ce métier. La soirée commence plutôt bien, mais elle est loin d'être terminée.

## – 4 –

# L'altercation

Je descends les escaliers rapidement, il y a beaucoup d'agitation, un videur me bouscule.

– Tu vas dans les loges immédiatement, je ne veux aucune danseuse sur le *floor* !

Il transpire, les muscles de son cou sont tendus, laissant apparaître des veines saillantes.

Il est en proie à une grande tension.

– Que se passe-t-il ?

– Tu fais ce que je te dis, sors d'ici !

J'observe autour de moi, je ne vois rien de spécial, pas de signes de bagarre.

Il se passe quelque chose d'anormal, mais quoi ?

Je pars à la hâte dans les loges, en quête d'informations. Les filles doivent savoir.

La lumière blanche m'éblouit, les danseuses sont toutes rassemblées à l'entrée. On se croirait dans une ruche. Certaines essaient de se frayer un passage, un sac sur le dos, elles tentent de sortir du club. Il est à peine minuit pourtant.

– La police arrive, il s'est passé quelque chose de terrible, il vaut mieux s'en aller c'est trop dangereux.

Mais de quoi parle-t-elle ? Je ne comprends pas. Il y a un tel vacarme qu'il est difficile de s'entendre.

– Le patron s'est pris des coups de couteau.

Les mots me heurtent comme un coup de poing. La nouvelle est grave. Je m'approche de Bunny, une danseuse plus âgée, en quête d'informations plus précises.

Elle est en train de vider précipitamment son casier, fourrant tout ce qui s'y trouve dans un sac de sport.

– Qu'est-ce qui se passe ? Pourquoi tout ce grabuge ?

– Laly, crois-en mon expérience, il vaut mieux partir. Ces mecs peuvent être très dangereux. On parle d'un gang. Ils sont armés.

– Un gang ? m'étonné-je. Mais comment tout cela a-t-il pu arriver ici ?

– Je ne sais pas, Laly. Tout est devenu fou tout à l'heure. Une dispute a éclaté sur le parking, le patron est intervenu et il s'est fait prendre à partie par un gang. J'ai vu des couteaux, il y avait du sang partout.

Inquiète pour le patron, je demande rapidement :

– Comment va-t-il ? Les secours l'ont-ils pris en charge ?

Bunny secoue la tête, l'air paniqué.

– Je ne sais pas. Quand ça a commencé à dégénérer, j'ai pris mes jambes à mon cou et je me suis enfuie. Je n'ai pas pu voir ce qui s'est passé ensuite, répond-elle d'une voix tremblante.

– Il faut qu'on sache ce qu'il se passe. Où est la Mom ? Elle doit être au courant de quelque chose, dis-je en regardant autour de moi, cherchant la silhouette familière de notre protectrice.

Bunny pointe du doigt le coin du vestiaire où se tient Mom, toujours en train de préparer des repas pour les filles.

Sa tranquillité apparente en dépit du chaos ambiant me laisse perplexe. Elle prépare visiblement un sandwich pour quelqu'un.

– Tu as changé d'avis tu veux manger ?

Je la regarde étaler une quantité énorme de beurre sur une tranche de pain de mie.

– C'est gentil, mais je n'ai pas le temps. Que se passe-t-il ? J'ai entendu pas mal de choses.

– Tu veux parler de l'agression sur le parking ?

– Oui.

Elle soupire, dépose le couteau et m'explique avec calme :

– Apparemment, Sam, l'associé du patron, a eu une altercation avec un gang sur le parking. Il a été poignardé à plusieurs reprises. On attend les nouvelles de l'hôpital.

Elle dispose du salami en tranches épaisses et referme le sandwich. Sa nonchalance face à cette situation dramatique est à la fois apaisante et déconcertante.

– C'est tout ce que je sais, ma belle.

Elle enveloppe sa préparation dans du film alimentaire, prends un marqueur et inscris un prénom dessus : SHAWN

– Sale histoire, mais pourquoi les filles partent-elles ?

– Elles ont peur, de la police, ou que le gang revienne, ou que sais-je encore ! réplique-t-elle avec un soupçon de résignation.

Je jette un coup d'œil autour de moi, observant les visages familiers marqués par la peur et l'incertitude. La Mom, en dépit de sa sérénité, n'a pas toutes les réponses. Elle continue à préparer des sandwichs, comme si la normalité pouvait encore être maintenue, comme si le rituel des repas pouvait offrir un sentiment de sécurité dans ce chaos.

– Et toi, tu ne t'inquiètes pas ? demandé-je, cherchant un signe d'émotion dans son regard.

Elle me fixe de ses yeux fatigués, mais déterminés.

– J'ai vu pire, ma chérie. Les filles comptent sur moi pour ça.

De l'extérieur, je discerne les hurlements des voitures de police, des portes claquent, des voix résonnent.

Un manager entre précipitamment dans les loges, cherchant à rassurer tout le monde.

– Tout est sous contrôle, annonce-t-il d'une voix forte. L'associé du patron va bien, et le gang est parti avant l'arrivée de la police. Il n'y a aucun danger.

Je ne peux m'empêcher de sourire ironiquement devant l'absurdité de la situation. Un gang, un homme poignardé, mais tout est sous contrôle, alors repartez et dansez comme si de rien n'était.

*The show must go on!*

Alors que je me trouve au milieu de cette scène surréaliste, l'image de mon arme dans mon casier me traverse l'esprit. C'est une pensée étrange, presque irréelle, comme si je me réveillais d'un rêve pour me retrouver dans une réalité alternative.

Je ne peux m'empêcher de penser à quel point tout est différent ici, à Las Vegas. Les normes, les valeurs, les attentes, quel décalage avec ce que j'ai connu en France! C'est une ville où tout est permis, où les excès sont monnaie courante, où la frontière entre le légal et l'illégal est parfois floue.

Le simple fait que je me promène avec une arme dans mon sac, au cas où, en dit long sur l'atmosphère unique de cette ville. En France, une telle pensée ne m'aurait même pas effleurée. Mais ici, tout est possible, tout peut arriver, et il semble que chacun doive prendre ses précautions pour faire face à l'inattendu. En tout cas, moi, j'ai fait ce choix.

Je me tiens là, observant le ballet chaotique qui se déroule autour de moi. Les filles, toutes vêtues de tenues extravagantes et provocantes, semblent hésitantes, incertaines quant à la suite des événements.

Certaines tentent de reprendre leurs affaires, de préparer leurs sacs pour partir, tandis que d'autres restent figées, le regard perdu dans le vide.

La voix du manager, toujours forte et assurée, résonne dans les loges, tentant de ramener un semblant de normalité dans cette situation extraordinaire. Mais ses mots se perdent dans le brouhaha ambiant.

– Je vais rester, j'ai mon régulier qui m'attend au bar. Tu te rappelles, Éric, le neurochirurgien.

Elle me regarde avec ses gros yeux ronds, et me sourit.

– Ah, Éric… Toujours une expérience unique avec lui, n'est-ce pas ?

Je ne peux m'empêcher de sourire en retour.

– Oui, il ne déçoit jamais.

Je repense à nos précédentes rencontres, chacune marquée par des moments inattendus.

Après cet échange, je fais un bref arrêt à mon casier, je range mes 3 000 dollars dans mon portefeuille, un rapide coup de brosse dans mes cheveux, un peu de parfum, une retouche de rouge à lèvres. Tout cela semble un peu mécanique, mais je sens la tension monter.

C'est vrai que j'ai un peu faim. Et ce qui m'attend va me demander pas mal d'énergie, je le sais.

J'attrape une barre de céréales au beurre de cacahouète, je l'engloutis en deux bouchées.

La Mom me regarde, elle me fait un clin d'œil.

Je prends une grande inspiration et tente de me faufiler parmi les danseuses. Je me concentre désormais sur la suite.

# – 5 –

# La *fantaisy* d'Éric

Assis sur un tabouret de bar, il regarde le combat d'UFC, je remarque plusieurs verres vides devant lui. Ça fait bien deux heures qu'il m'attend.

Je m'approche lentement, observant chaque détail de son visage. Il a des traits fins, qu'il tente de masculiniser avec une barbe naissante, des sourcils épais surlignent son regard.

Il porte une chemise blanche et un jean sombre. Un sac de sport est posé à ses pieds.

Il sourit en me voyant arriver, son regard accroche le mien, je sens une vague de chaleur m'envahir. Un mélange de stress et de fatigue. J'inspire profondément et lentement, et bascule mon cerveau en mode automatique.

– Salut, Éric, comment se passe ta soirée ?

– Elle va enfin pouvoir commencer avec toi.

Je m'installe à côté de lui, et commande un verre d'eau. Je peux sentir l'odeur subtile de son parfum qui se mélange aux effluves d'alcool qui flottent autour du bar. Je me tourne dans sa direction, il me regarde avec un sourire en coin, une lueur d'amusement dans ses yeux bleus.

Cela fait quatre mois qu'il vient régulièrement de New York pour vivre avec moi sa « fantasy », comme il l'appelle.

Je suis touchée par sa sincérité, et par la confiance qu'il m'accorde. Je sais à quel point il est important pour les gens de pouvoir s'ouvrir à d'autres personnes et de partager leurs histoires, leurs sentiments, lorsqu'ils se sentent incompris ou rejetés par la société. Il a trouvé en moi une oreille attentive, je suis là pour l'aider à vivre un peu son fantasme.

– Je suis sûr que toi et moi avons énormément de choses à nous raconter ! Je préférerais monter au carré VIP pour être plus à l'aise.

Je jette un coup d'œil à son sac, curieuse et amusé.

– J'ai très envie de voir ce que tu m'as rapporté de New York !

Sa posture se détend, il devient soudainement plus à l'aise. Son visage s'ouvre, il me sourit. Je ressens du soulagement. Il se sent en sécurité avec moi.

– Tu vas adorer ce que j'ai apporté, d'ailleurs j'ai un cadeau pour toi !

Je me lève, exagérant mon excitation

– Laisse-moi deviner, c'est une paire de chaussures !

– Coquine, allons à l'étage ! J'ai attendu suffisamment longtemps.

Je lui prends la main et l'entraîne.

Le club est bondé, il est difficile de se frayer un passage à travers cette foule compacte. Certains sont déjà bien alcoolisés, je tente d'éviter les serveuses qui slaloment entre les clients pour prendre les commandes et apporter les boissons.

Personne n'a l'air au courant de ce qu'il s'est passé sur le parking, chacun continue sa petite soirée comme si de rien n'était.

Shawn est à son poste, il semble complètement absorbé par son repas et nous voit à peine arriver. Il mord dans son sandwich, laissant s'échapper une partie de la garniture qui tombe sur son menton. Il ne prend pas vraiment le temps de mâcher, engloutit de grosses bouchées sans même se soucier de savoir ce qu'il mange.

Pas gêné le moins du monde par notre présence, il semble à peine nous remarquer.

Des miettes tombent sur le comptoir.

– Shawn, nous allons prendre une heure dans la *pink room*, s'il te plaît.

– Cash ou carte ?

Il ne fait aucun effort, ça en devient gênant, parfois. Heureusement Éric a compris à qui il a affaire et ne m'en tient pas rigueur.

– Je vais payer en cash la demoiselle, et nous prendrons une bouteille de champagne, peu importe laquelle pourvu que ça aille vite.

– Une serveuse va venir s'occuper de vous dans quelques minutes. Amusez-vous bien ! annonce Shawn d'un ton apathique, sans lever le regard de son repas.

Dire qu'il est payé rubis sur l'ongle à ne rien faire ! Ça me fait enrager. J'ai envie de l'envoyer se faire foutre parfois, ça me démange, mais je ravale ma frustration, parce qu'ici je ne gagnerai pas à m'exprimer. Je dois rester souriante, et avoir une attitude positive. Un jour, je lui dirai tout ce que je pense de lui.

En attendant, Éric est là, avec moi, et il vient de débourser la coquette somme de 2 000 dollars.

La *pink room* est une pièce aux tons très girly, avec des murs peints dans un rose pâle et des accents dorés pour le côté glamour. Il y a des miroirs partout, le sol est recouvert d'un tapis blanc moelleux. Une barre de pole dance est installée dans un coin de la pièce.

C'est sa *room* préférée. Éric aime se travestir, seul, en cachette, ou avec moi. J'ai appris à le connaître, lui, ses peurs, ses doutes. C'est un homme complexe et tourmenté, en lutte avec son identité. Il a commencé à explorer son côté féminin en se maquillant seul chez lui. Son but serait d'arriver à assumer cette facette de sa personnalité et à sortir en public habillé en femme.

Avec moi, il peut s'exprimer et être celui qu'il a envie d'être.

Il ouvre son sac et sort une perruque aux longs cheveux blonds, une robe en dentelle noire, des bas résille et une paire de talons.

– Tu veux bien m'aider à m'habiller et à me maquiller ?

– Bien sûr, Éric.

Je le regarde enlever son jean et sa chemise ; dessous il porte des sous-vêtements féminins raffinés. Il a beaucoup de goût. Je l'aide à ajuster les bretelles de sa robe et à attacher la fermeture Éclair. Je sens ses mains trembler lorsqu'il enfile ses bas.

– Je suis nerveux, j'ai l'impression que tout le monde va me juger.

– Ne t'inquiète pas, ça va bien se passer. Tu es ici pour être toi-même, pas pour plaire aux autres.

– J'ai peur de ce que les gens vont penser de moi.

Je pose ma main sur la sienne

– Éric, j'ai moi-même dû surmonter beaucoup de préjugés pour en arriver là où je suis aujourd'hui. Mais tu sais quoi ? Ce que pensent les autres de toi ne devrait pas te définir. Tu es qui tu es, et c'est ça qui est important.

Il sourit timidement.

– Je sais, je crains juste de ne pas être à la hauteur.

– Je suis avec toi, on est dans le même bateau. Maintenant, ferme les yeux et laisse-moi m'occuper de ton maquillage. Tu vas être magnifique.

J'attrape une palette de couleurs dans son sac et m'assieds en face de lui.

– Tu as une préférence ?

Il ouvre légèrement les yeux, et murmure, un peu gêné :

– Je veux la même chose que toi !

Je ris doucement.

– Tu vas finir par être une concurrente, dis-moi.

Éric éclate de rire, et je sens une partie de sa nervosité se dissiper.

– Promis, je ne te volerai pas la vedette.

Je commence par appliquer une base de fond de teint avec des gestes délicats.

– Tu as une belle peau, tu sais. Ça va être un jeu d'enfant de travailler dessus.

– Tu sais, le plus difficile, c'est de se sentir piégé dans son propre corps. J'ai toujours eu cette part de moi qui voulait s'exprimer, mais je l'ai toujours réprimée par peur du regard des autres.

– C'est normal d'avoir peur. La société n'est pas toujours tendre avec ceux qui sont différents. Mais ici, tu es libre.

Il laisse échapper un soupir.

– Parfois, j'ai l'impression de mener une double vie. Neurochirurgien respecté le jour, et quelqu'un d'autre la nuit. Mais ici, avec toi, je peux enfin être complet.

Je prends une brosse à cheveux et commence à coiffer sa perruque, m'arrange pour que les longs cheveux blonds tombent parfaitement autour de son visage.

– Tu sais, chaque fois que je te vois ainsi, je vois quelqu'un de courageux, quelqu'un qui se bat pour être lui-même. Peu de gens ont ce courage, Éric.

J'essaie de le détendre, de le conseiller. C'est presque un moment entre copines. Parfois je me demande si tout cela est réel.

– Comment fais-tu pour supporter le jugement constamment ? Le regard des gens, les préjugés ? C'est dur.

– Je crois que cela dépend de la façon dont tu te perçois toi-même. Si tu as confiance en toi et que tu sais qui tu es vraiment, les opinions des autres importent alors beaucoup moins. Il faut que tu arrives à te libérer de ces chaînes mentales. Les gens qui viennent dans un club de strip-tease sont là pour se divertir, pas pour te juger.

J'ouvre un tube de rouge à lèvres et souris à Éric

– La touche finale ! Tu peux maintenant te regarder dans le miroir.

Il reste un moment immobile, les yeux fixés sur son propre reflet, puis, lentement, un sourire se dessine sur son visage. Un mélange de joie et de fierté.

– Waouh, je ne me suis jamais senti aussi beau, c'est fou.

– Tu es superbe, tu te sens prêt maintenant ?

Il se lève et réajuste sa robe.

– Oui, je suis prête.

Ce soir Éric a décidé de sortir travesti en femme. De montrer cette partie cachée de lui. Cela fait quatre mois que nous travaillons ensemble pour vaincre sa crainte d'être jugé. Il semble enfin prêt à sauter le pas. Je suis si fière de lui.

J'attrape sa main et la serre fort.

– Toi et moi, on est ensemble, rappelle-toi tout ce que je t'ai dit. Ici, tu es en sécurité. Vis ton moment, profite. Aie confiance en toi, et tout ira bien.

Je sais que Shawn m'observe sur les caméras de surveillance. Je me demande ce qu'il pense de cette situation. Et puis je me rappelle qu'il s'en fout, que seul l'argent compte. Pour lui, c'est une transaction, pour moi c'est beaucoup plus que ça.

Je tire le rideau, et entraîne Éric avec moi.

– Éric, dis-je d'une voix assurée, lève la tête et sois fier de qui tu es.

Shawn nous regarde passer, surpris que nous sortions de la *room*.

– Vous avez fini ? demande-t-il d'un ton neutre, ne montrant aucune réaction face à la transformation vestimentaire d'Éric.

– Non, on reviendra plus tard, on descend boire un verre au bar.

Je remarque que la main d'Éric est moite, trahissant son appréhension. Il marque un temps d'arrêt face aux escaliers.

– Éric, on y va.

J'insiste, déterminée. Abandonner ne fait pas partie de mon vocabulaire. Mon côté un peu militaire refait surface. On dit de moi que je suis une fille forte, têtue et obstinée. J'attends souvent des autres la même chose. Je veux faire ressortir chez lui cette force qu'il ne soupçonne pas.

– On y va, avance.

Comme un coach, je le pousse dans ses retranchements. Il doit surmonter sa peur.

Mes yeux me brûlent sous l'effet de la fatigue accumulée, je suis mentalement exténuée, mais je dois rester au top, continuer à inspirer confiance à Éric. La tension est palpable.

Nous arrivons au bar, les filles que nous croisons complimentent Éric, elles savent à quel point c'est important. Elles ont saisi ce qui se joue à ce moment-là, et j'apprécie leur empathie.

– Votre robe est magnifique!

– Félicitations, vous dansez sur scène, ce soir?

Éric n'en revient pas, il prend une avalanche de compliments, lui qui pensait être la risée de tous.

Je le vois sourire, rougir, et même parler de son maquillage. Il semble à l'aise avec lui-même. Je peux maintenant relâcher la pression. Je n'avais aucune certitude avant d'arriver au bar. Comment allait-il réagir face aux regards, aux jugements des autres? Et si cela avait eu l'effet inverse? J'aurais tout aussi bien pu le détruire. Je ne suis pas psychologue, j'en ai conscience. J'offre un échange humain, basé sur la confiance, sans perversité ni faux-semblants.

Danser pendant une heure aurait été bien plus facile, une simple performance physique, sans aucun engagement mental. Mais j'aime les défis, j'aime aider les autres.

Nous prenons un verre ensemble, il est heureux. Ou plutôt, elle est heureuse.

– Tu as choisi un prénom pour ce nouveau toi?

– Tu ne te moques pas, promis?

Je soupire, le regard amusé.

– Lilith, qu'en penses-tu?

– Intéressant comme choix. Je valide! Tu vois, ce n'était pas si dur. Rappelle-toi de ne jamais chercher l'approbation dans le regard d'autrui. Fais les choses pour toi, accepte qui tu es sans avoir honte.

– C'est une grande étape pour moi, je vais continuer à surmonter mes blocages.

Nous trinquons à cette réussite et passons un excellent moment à discuter de ses projets, de son évolution au cours de ces derniers mois. Puis nous remontons à l'étage dans la *pink room*.

Lilith enlève sa perruque et me prend dans ses bras. Elle pleure de soulagement, de joie, un peu des deux.

– Merci. Sans toi, je n'y serais jamais arrivée.

Je lui souris avec tendresse.

– Tu n'as plus besoin de moi, Lilith. Tu es affranchie. Libre d'être toi quand tu en auras l'envie.

Shawn interrompt ce moment magique en passant sa grosse tête à travers le rideau.

– Le temps est écoulé, il faut payer pour rester davantage.

Je soupire intérieurement, sentant la fin de notre moment spécial approcher.

– C'est bon, on sort dans cinq minutes.

Lilith me tend un cadeau soigneusement emballé, une petite boîte recouverte de papier doré avec un ruban rouge.

– Tiens, ouvre-le quand tu seras chez toi.

Je prends le paquet, touchée par son geste.

– Merci pour ça, et pour ta confiance.

Elle me regarde les yeux brillants de reconnaissance et d'émotion.

– Tu aurais dû être psy, Laly, tu aurais aidé tellement de gens.

Je suis émue par ses mots.

– C'est en partie ce que je fais ici, à ma manière. Sans protocole, et avec mes règles.

Je lui tends des lingettes démaquillantes.

Lilith réfléchit un instant.

– Je vais prendre un taxi dans cette tenue, on est à Las Vegas après tout !

– Et comme on dit : ce qui se passe à Vegas reste à Vegas !

Le rideau s'ouvre. Éric, le neurochirurgien, ou Lilith, plutôt, marche la tête haute, fière d'elle. J'ai été son pansement, aujourd'hui la plaie semble cicatrisée. Elle a pu se confier, trouver du réconfort, un soutien émotionnel, et même une mise en pratique.

J'ai su créer un espace sécurisant au fil des mois, où elle a pu regagner une estime de soi et apprendre à gérer son stress.

En tant que confidente, je suis souvent confrontée à des histoires personnelles, des luttes intérieures et des émotions brutes. Cette charge implique d'écouter attentivement, de conseiller, de réconforter et de guider ceux qui recherchent mon soutien. C'est une responsabilité qui peut être gratifiante, car elle me permet de me sentir utile, de mieux comprendre les autres et d'améliorer mes relations personnelles en développant une empathie profonde.

Cependant, il arrive que cette charge devienne accablante. Quand j'entends des récits particulièrement bouleversants, devoir supporter la détresse émotionnelle de quelqu'un d'autre ou ressentir le poids de leurs problèmes peut être très difficile. Cette accumulation peut devenir écrasante et commencer à affecter ma propre stabilité émotionnelle.

Pour faire face à cela, j'ai appris à définir des limites claires au fil du temps, j'ai une certaine maîtrise de la situation. Je dirige la performance, je maintiens le contrôle. Paradoxalement, en exposant ma peau, j'incite les autres à partager leurs propres expériences, désirs, ou préoccupations, comme si la nudité nous rendait tous égaux, en quelque sorte.

Je regarde ma montre, il est presque 4 heures du matin. Il est temps de partir. Je jette 200 dollars sur le bureau de Shawn en guise de pourboire non mérité, mais obligatoire. Je déteste obéir aux règles, surtout quand elles ne sont pas justifiées.

Sans un merci, il attrape les billets et les fourre dans sa poche.

Pourvu que le karma ne te rattrape jamais, Shawn…

Je descends les escaliers, traverse la salle sans échanger de regard ni de paroles avec quiconque. Les loges sont quasiment désertes, beaucoup de filles sont déjà parties. Seule la Mom reste à son poste.

– Tu finis tard, j'espère que ça en valait la peine ? me lance-t-elle.

– Oui, la nuit a été bonne.

Je n'ai plus envie de parler, je suis exténuée mentalement. C'est souvent le cas après ce type de soirée. Je me renferme complètement dans ma bulle.

Je saisis mon sac dans le casier et commence à retirer mes bottes, mon collier et mon costume de scène. Je fourre le tout à l'intérieur. Puis j'enfile un bas de survêtement, un débardeur et mes Air Max, voilà l'armure qui me ramène à ma véritable identité. À l'abri dans mon cocon protecteur, je laisse derrière moi cette version exagérée de moi-même qui se produit sur scène. Je retrouve cette part masculine que j'ai mise de côté pendant quelques heures.

Maintenant, je dois faire signer le papier que la caissière m'a remis à mon arrivée par chaque personne importante du club. Impossible de sortir sans leurs signatures. Un agent de sécurité vérifiera que j'ai donné ma part des pourboires obligatoires. Je n'échappe pas à la distribution !

Malgré le caractère répétitif de cette tâche, elle reste stressante, car une omission pourrait me coûter cher.

– À demain, ma belle. Fais attention sur la route, ce n'est pas la bonne heure pour rentrer avec tous ces fêtards, me dit Mom alors que je lui tends mon ticket et un billet de 20 dollars.

– Bonne nuit, Mom, à demain, lui dis-je en m'éloignant.

Je dois maintenant trouver Mike le DJ. Je traverse les bureaux, j'aperçois Adam en pleine discussion avec une serveuse.

Il lève la tête en me voyant.

– Laly, tu passes à mon bureau après.

Oh, non ! Je n'ai plus la force mentale de l'écouter. Qu'est-ce qu'il me veut à 4 heures du matin ? Ce n'est certainement pas un problème administratif.

J'arrive enfin à la hauteur du DJ, un escalier en colimaçon me permet d'accéder à sa cabine. Il faut baisser la tête pour éviter de se cogner.

Il est là, derrière sa console, entouré d'une multitude de boutons et d'écrans lumineux.

Grand et mince, la peau claire, les cheveux blonds coiffés en arrière et une barbe de quelques jours. Il porte un tee-shirt avec le logo du club imprimé sur la poitrine et un casque audio autour du cou.

Il me remarque et m'adresse un sourire amical.

– Super soirée pour toi, dis-moi ! Tu as cartonné.

– On ne va pas se plaindre !

Je lui tends 40 dollars avec mon ticket pour qu'il le signe. Mike esquisse un sourire de satisfaction et semble vouloir me prendre dans ses bras. Je parviens à esquiver son étreinte en lui souhaitant simplement une bonne nuit.

Mais il ne se laisse pas facilement décourager :

– Toutes les Françaises sont aussi froides ou c'est juste toi ?

Je soutiens son regard, décidée à ne pas lui laisser de faux espoirs.

– Ce n'est pas une question de nationalité, Mike. Je suis ici pour travailler, pas pour autre chose. Bonne nuit.

Il me regarde, légèrement surpris par mon ton ferme.

– Allez, juste un verre. Pour fêter ta super soirée.

Je secoue la tête, déterminée.

– Désolée, Mike. Je ne mélange pas travail et vie personnelle.

Sans attendre sa réponse, je tourne les talons et commence à descendre l'escalier en colimaçon et manque de me tordre la cheville dans cette fichue obscurité. Une fois en bas, je prends une grande inspiration, soulagée d'avoir échappé à cette situation inconfortable.

Mais ce soulagement est de courte durée. L'oppression revient immédiatement, pesante, alors que je me rappelle qu'il me reste encore une étape avant de pouvoir rentrer chez moi. Entre les clients qui pensent pouvoir m'acheter, les collègues qui ne comprennent pas les limites, et le patron qui semble avoir toujours de nouvelles exigences, je me sens constamment écrasée.

Travailler ici signifie jongler entre ces pressions incessantes. C'est épuisant de devoir sans cesse rappeler aux hommes que je ne suis pas à leur disposition, de devoir justifier mes refus et me protéger de leurs attentes déplacées.

Comme si le fait que j'exerce ce métier leur donnait une excuse, une raison valable de croire que tout est possible, que je suis là pour satisfaire toutes leurs envies. C'est usant mentalement, émotionnellement.

Je me dirige vers le bureau du patron, une boule se forme dans mon estomac, je suis nerveuse.

Les couloirs semblent de plus en plus calmes à mesure que j'approche. La tension monte alors que j'arrive devant la porte, elle est ouverte.

J'entre dans son bureau, spacieux et luxueux.

Il est assis dans son fauteuil sorti tout droit d'un film de mafieux, il porte une chemise blanche impeccablement repassée et un costume noir parfaitement ajusté. Son visage est carré et dur, ses yeux noirs sont profonds et intenses. Il semble avoir un contrôle absolu sur tout ce qui se passe dans cette pièce.

Le silence règne pendant quelques instants, je me demande ce qu'il attend de moi.

– Assieds-toi, Laly, tu veux boire quelque chose ? me propose-t-il.

Je tire un fauteuil en face de lui et m'assieds.

– Non merci, Adam je ne vais pas traîner, je suis crevée.

– Détends-toi, tu es toujours stressée. J'ai vu ton chiffre ce soir, belle performance. Tu es ma meilleure danseuse. Tu pourrais gagner encore plus d'argent si tu voulais, me dit-il tout en prenant une gorgée de son whisky.

Je lui réponds avec un sourire, tout en lui tendant mon ticket.

– Je sais, Adam, mais ce n'est pas mon truc. J'apprécie l'argent, bien sûr, mais il y a des limites que je préfère ne pas franchir.

Il enchaîne :

– J'ai énormément de contacts, je peux te présenter à des gens très influents.

– Je n'en doute pas une seule seconde ! Mais là, il faut que j'aille dormir, si tu veux que je revienne travailler demain.

J'essaie de garder ma voix ferme malgré la fatigue.

Adam marque une pause, puis reprend :

– Allons dîner tous les deux la semaine prochaine dans un restaurant français. Ton choix sera le mien, tu as carte blanche.

– On en reparle plus tard, boss.

Il se lève de son fauteuil, et me demande :

– Tu veux que je te dépose chez toi ? La nuit a été très agitée, je ne voudrais pas qu'il t'arrive quelque chose.

– C'est gentil, mais je ne risque rien, le voiturier va m'accompagner jusqu'à ma voiture.

– Approche, que je te prenne dans mes bras, dit-il d'un ton légèrement insistant.

Je ressens une pointe d'inconfort, mais je m'efforce de garder mon calme.

Il m'enlace chaleureusement.

– Je t'apprécie beaucoup, Laly, plus que les autres danseuses.

Je lui tape gentiment dans le dos, essayant de me dégager de ses bras.

– Je te l'accorde, Adam, je suis unique ! dis-je avec une pointe d'humour, cherchant à garder une distance respectable.

Il relâche enfin son étreinte, mais l'atmosphère reste lourde.

– Tu sais, Laly, je peux t'offrir plus qu'un simple travail. Tu mérites d'être traitée comme une reine, dit-il, sa voix se faisant plus douce, presque séductrice.

Je me redresse :

– Je suis ici pour travailler, rien de plus.

Il esquisse un sourire, ses yeux ne quittent pas les miens.
– Penses-y, Laly. Tu pourrais avoir une vie de rêve.

Encore une fois, la même rengaine. Après le DJ, c'est maintenant au tour du patron de croire qu'il peut m'offrir une vie meilleure. Dans ce milieu, il semble que beaucoup d'hommes considèrent le choix de ce métier comme une acceptation implicite de leur domination et de leurs avances. Cette perception est enracinée dans une vision patriarcale où les femmes, particulièrement dans des professions comme la mienne, sont vues comme vulnérables et en quête de protection et de salut.

Cette mentalité reflète une croyance profondément ancrée que les femmes qui travaillent dans l'industrie du divertissement pour adultes sont désespérées et prêtes à tout pour améliorer leur situation.

Quel ego démesuré de penser qu'une femme a systématiquement besoin d'un homme pour avoir une vie meilleure ! Ce genre de comportement démontre une incapacité à reconnaître et à respecter l'autonomie des femmes.

Ce métier, je l'ai voulu et je l'aime. Oui, il y a des défis, mais cela ne signifie pas que je cherche un sauveur. Mon choix de carrière ne devrait pas être interprété comme une invitation à la pitié ou à la domination. Au contraire, je suis fière de mon indépendance, même si cette notion semble incompréhensible pour beaucoup de ceux qui m'entourent. Ils voient dans mon travail une faiblesse à exploiter plutôt qu'une expression de mon autonomie.

Malgré mes tentatives pour paraître légère, je sens un nœud se former dans mon ventre. Ces moments d'intimité forcée avec Adam sont de plus en plus fréquents, et je n'en peux plus de cette pression constante. Je préfère ne pas m'éterniser dans son bureau.

– On se voit demain ! conclut-il, les yeux brillant d'une lueur qui me met mal à l'aise.

– Bonne nuit, Adam ! dis-je en sortant rapidement avant qu'il ne trouve le moyen d'ajouter quelque chose.

## – 6 –

# Quand le vacarme cesse…

Je pousse la porte du club et suis immédiatement frappée par la chaleur étouffante de la nuit. La brise légère ne suffit pas à rafraîchir l'air sec et brûlant. Les lumières des casinos scintillent au loin, éclairant le ciel d'une multitude de couleurs vives et hypnotiques. Les sons étourdissants de la ville, le grondement des voitures et la musique du club résonnent dans mes oreilles, et font vibrer mes nerfs.

Le voiturier arrive enfin, un sourire courtois aux lèvres.

Il me tend les clés que je saisis avec un soupir de soulagement.

– Fais attention sur la route, Laly.

– Merci, j'ai hâte d'être chez moi !

Je lui glisse un généreux pourboire et m'installe sur le siège conducteur.

La chaleur de l'habitacle est suffocante. Je ferme les yeux un instant, sentant la fatigue m'envahir. J'inspire et expire lentement, comme pour revenir à la réalité. L'air frais de la climatisation sur mon visage, l'odeur du cuir neuf et le confort de ma voiture finissent par m'apaiser un peu. Il faut redescendre. On ne passe pas d'un claquement de doigts du club à la vie normale…

Je démarre lentement, évitant les gens alcoolisés qui sortent du club. Peu à peu, l'agitation s'estompe, étouffée par la musique douce qui s'échappe de la radio. Je regarde par la fenêtre et observe le paysage urbain, un patchwork de lumières et de couleurs ; une étrange beauté artificielle et effervescente. Je reste émerveillée par cette ville qui ne dort jamais, cette ville où tout est possible.

Et puis, progressivement, l'atmosphère change. Les lumières aveuglantes laissent place aux éclairages tamisés des pavillons et des rues paisibles. Le vacarme cesse. Je commence à me détendre, malgré l'adrénaline qui coule encore dans mes veines.

J'arrive enfin chez moi, dans un quartier privilégié de Las Vegas. Je suis accueillie par des agents de sécurité armés qui me font un signe de la main lorsque les barrières se lèvent. J'aime ce sentiment de sécurité, je me sens protégée et à l'abri de tous les problèmes extérieurs.

Je roule lentement dans l'allée bordée de palmiers majestueux et de maisons immenses aux jardins parfaitement entretenus.

J'ouvre à distance mon garage et ressens une certaine satisfaction. Je suis heureuse de vivre ici, moi, la petite Française qui a grandi en cité. Me voilà au pays de l'oncle Sam, dans une magnifique maison que je n'aurai même pas imaginée dans mes rêves les plus fous.

Je coupe le moteur et me retrouve plongée dans un silence paisible.

Il est presque 5 heures du matin. Je pousse la porte et suis accueillie par mes deux gros bébés – Tokyo, mon berger allemand noir, et Tao, un magnifique golden retriever qui m'a coûté la peau des fesses. J'ai toujours été entourée de chiens, et dire que je les aime d'un amour inconditionnel n'est pas exagéré.

Je tente de calmer leur joie débordante et pose mon sac dans l'entrée. Je me dirige vers la salle de bains, je rêve d'une douche bien chaude.

C'est chez moi, mais je me surprends encore à regarder ma maison avec les yeux et la surprise d'une étrangère. Je viens juste de rénover cette pièce et je suis émerveillée. Sans exagérer, elle représente en superficie le salon et la cuisine de mon ancien appartement, lorsque j'étais policière à Bordeaux.

Je ne peux m'empêcher de me souvenir d'où je viens, de mes débuts modestes et des défis que j'ai relevés. Ces souvenirs forgent ma détermination et révèlent le résultat d'un travail acharné, de sacrifices consentis, et d'un engagement sans faille qui m'a poussée vers mes aspirations.

Quand je vivais en France, je me contentais d'une douche minuscule et, si j'avais la chance d'avoir une baignoire, c'était vraiment un luxe. Mais ça, c'était avant. Mes standards ont changé. Je l'assume, y compris quand il faut faire face aux stéréotypes et aux préjugés de ceux qui considèrent ma réussite comme superficielle ou non méritée.

J'attrape une lingette démaquillante et retire mon maquillage comme je retirerais mon masque social. Au fur et à mesure que je frotte, je retrouve mon vrai visage. Je quitte la salle de bains après une douche réconfortante et pénètre dans ma chambre. Il flotte un parfum de jasmin.

Je me glisse dans mon lit *king size*, en tentant de ne pas réveiller mon mari, qui dort profondément. Les draps en satin caressent ma peau, je ferme les yeux et me laisse aller à cette sensation de bien-être qui m'envahit.

Les images de la soirée défilent dans ma tête. Ce couple à qui je ne donne plus que quelques mois. Éric, enfin libre d'assumer qui il est, et puis cette agression, et tout cet argent gagné en quelques heures.

À ce moment précis, je me sens heureuse, reconnaissante. Mes paupières deviennent de plus en plus lourdes, je tombe dans un sommeil profond… Très loin du club.

– 7 –

# Vibrations positives

Mon réveil sonne, quoi qu'il arrive, quelle que soit l'heure à laquelle je me suis couchée, à 8 heures du matin. J'ouvre les yeux, les paupières lourdes après une nuit beaucoup trop courte. J'ai à peine dormi trois heures. Mon corps est engourdi, et j'ai l'impression qu'on a coulé du béton dans mes jambes pendant mon sommeil. À 42 ans, la récupération n'est plus la même qu'à 20 !

Je commence toujours ma journée par trente minutes de méditation. Ce rituel matinal est une pierre angulaire de ma vie, et je m'y tiens depuis de nombreuses années. J'aime prendre soin de mon corps et de mon esprit.

Faire l'école de police a été une expérience bénéfique. Je suis devenue plus résistante, j'ai appris à gérer la pression. J'avais beaucoup de mal, au début, à me plier aux exigences rigoureuses du métier, et surtout à obéir aux ordres. Et puis j'ai appris à l'aimer, cette discipline. Je la vois aujourd'hui davantage comme une force qu'une contrainte.

Je suis toujours restée dans le droit chemin. Je n'ai jamais dévié de mon itinéraire principal. Jamais de drogues ni d'alcool, malgré les milieux que j'ai fréquentés. La télé, le show-biz, la police, l'industrie pour adulte, les clubs de strip-tease… Je reste en contrôle. Je ne suis pas influençable.

La méditation m'offre un refuge intérieur, une pause sacrée, où je peux observer mes pensées, mes émotions et mes sensations, sans jugement. C'est un voyage intime vers la découverte de qui je suis réellement, au-delà des rôles et des masques que je porte dans la vie quotidienne.

J'ai créé un espace dédié à ma pratique. C'est assez sommaire. Un coussin de méditation et quelques objets : de l'encens, quelques pierres, des statuettes rapportées de mes voyages en Inde[3], et de nombreux livres sur les principes fondamentaux du yoga, son histoire, sa philosophie. C'est mon espace sacré, et j'y suis profondément attachée.

Pendant ces trente minutes, je m'assieds en silence, je ferme les yeux, et je plonge dans ma pratique, laissant ma respiration guider mes pensées vers un état de présence et de conscience profondes. Au fil des années, je me suis créé une phrase apaisante, un mantra personnel, qui m'aide à me concentrer et à calmer mon esprit. Je le répète intérieurement, en accordant une attention particulière à chaque mot, en laissant les vibrations positives qu'il génère m'envahir. Un moment intime avec moi-même. À la fin de ma méditation, je m'accorde toujours un moment de gratitude, et je prépare mon esprit à aborder cette journée de manière positive.

Je descends ensuite au rez-de-chaussée pour prendre mon petit déjeuner : des gaufres, un café, et quelques fruits.

La météo annonce que nous pourrions atteindre les

3. J'ai passé plusieurs mois à Mysore, en Inde, pour obtenir ma certification de professeur d'ashtanga yoga. J'ai également fait des formations à Paris, à Barcelone, et en Floride, dans une shala, toujours dans le respect et la tradition du yoga.

45 degrés aujourd'hui. Il en fait déjà 35. Heureusement qu'il y a la climatisation.

Je bois mon café en lisant mes e-mails arrivés pendant la nuit. Je gère aussi ma société de production – je me suis spécialisée dans l'univers de la réalité virtuelle, et aujourd'hui, elle est leader sur le marché américain.

Strip-teaseuse la nuit, femme d'affaires le jour. Je suis multifacette. Il faut défier les normes et les étiquettes restrictives qui tentent souvent de limiter les êtres à une seule identité. Moi, ça me plaît de jongler entre ces deux mondes.

La nuit, sous les projecteurs, au rythme de la musique qui vibre, je me révèle en tant que danseuse, c'est ma forme d'expression la plus pure, un exutoire où je laisse libre cours à ma passion et ma créativité. La scène devient mon monde, où je me libère de toutes contraintes.

Le jour, j'enfile mon costume de productrice, prête à saisir toutes les opportunités. Cette dualité enrichit ma vie, me donne une perspective unique. J'adore passer d'un rôle à l'autre. Je refuse de me laisser enfermer par les stéréotypes sociaux.

Après mon petit déjeuner, je vais chercher l'argent resté dans mon sac la veille, comme le ferait un trafiquant de drogue récupérant son butin. Je le vide sur la table du salon : 5 000 dollars en billets de 100, une quantité assez impressionnante. Du moins à mes débuts de strip-teaseuse.

Je ressens une certaine nostalgie pour cette époque où j'étais excitée comme une enfant le soir de Noël. Gagner autant en si peu de temps me semblait hallucinant. Je me rappelle encore la joie intense que cela me procurait.

Mais avec le temps, une certaine lassitude s'est installée. Cinq ans à absorber les problèmes des clients et à vivre des situations rocambolesques ont fait de moi une éponge émotionnelle.

Peu à peu, mon rapport à l'argent a aussi évolué. La frénésie et le matérialisme qui caractérisaient mes débuts ont cédé la place à une perspective plus équilibrée et plus profonde. Aujourd'hui, je ne vois plus l'argent comme un but en soi, l'accumulation de biens ne m'excite plus. Cela ne veut pas dire que je nie pour autant son importance dans ma vie.

Je ne suis plus esclave de la réussite financière; je cultive une approche différente. Je prends soin de mon bien-être physique, émotionnel et spirituel. Je me permets maintenant de ralentir, de profiter du moment présent, et de trouver de la satisfaction dans des choses simples de la vie.

La société a du mal à accepter qu'une femme puisse choisir ce métier par passion, par envie de liberté, et non par contrainte. Je fais face quotidiennement à des préjugés et des incompréhensions. Mais au-delà de ces jugements, il y a ma réalité, celle d'une femme qui a choisi son chemin et qui en est fière.

Je fais des piles de 1 000 dollars, un élastique pour chacune. Elles partiront à la banque lundi.

Il est presque 10 heures, et j'ai rendez-vous avec mon coach sportif. Je me dépêche de prendre une douche, j'enfile ma tenue de sport, attrape ma gourde, et je suis déjà en route.

L'un des aspects les plus agréables du strip-tease, c'est la flexibilité. Je travaille surtout les week-ends, avec quelques exceptions en semaine lors des conventions en ville. Je gère totalement mon emploi du temps. La seule règle à suivre :

assurer cinq nuits de travail par mois pour conserver ta place au club.

C'est pour cette raison que j'ai rendez-vous avec mon coach trois fois par semaine. Travailler dans un milieu où les filles ont principalement entre 20 et 30 ans signifie que je dois constamment me maintenir à leur niveau, voire les surpasser. La pression est omniprésente. Aux États-Unis, tout est basé sur l'apparence, et à Las Vegas, le culte du corps atteint son apogée. Cette ville est mondialement connue pour son industrie du divertissement, où les femmes idéalisées, sexy et attrayantes sont la vitrine, les appâts.

Les clubs de strip-tease ont des politiques strictes concernant le poids, et les critères de beauté. En tant que danseuse, je subis une pression intense pour rester dans le coup.

C'est particulièrement difficile quand on refuse de céder à la chirurgie esthétique pour se conformer à l'image de Kim Kardashian, avec ses fesses remodelées, ses lèvres ultra-pulpeuses et sa taille extrafine.

La chirurgie esthétique est la norme, et ne pas y recourir revient presque à se marginaliser. Cette situation a parfois engendré un sentiment d'insécurité en moi. Je regardais autour de moi et je voyais des femmes avec des corps parfaits, et des visages sans défauts.

Le strip-tease, au-delà de l'art et de la performance, est un miroir déformant de la société. Il reflète une version extrême de ce que les médias et la culture populaire valorisent. Et cette version est souvent inatteignable. Chaque jour, je suis confrontée à des attentes irréalistes, et cette pression constante peut être écrasante.

J'ai vite compris que pour survivre et m'épanouir ici, il fallait avoir une discipline physique.

Jason, mon coach est déjà prêt, un air déterminé sur le visage. Lui dire que je n'ai dormi que trois heures ne changera rien, il n'en aura cure. J'ai choisi le coach le plus sévère, il ne tolère aucune excuse. Ancien basketteur de haut niveau, il ne croit qu'en la rigueur. Pour moi, il est un pilier de discipline, me poussant à persévérer, à dépasser mes limites.

Je me mets immédiatement au travail, suivant ses instructions à la lettre. Au début, je pensais que ses discours motivants étaient juste des clichés. Mais après quelques mois, j'ai compris qu'il avait raison. J'ai appris à dépasser certaines peurs. La transformation n'était pas seulement physique, elle était aussi mentale. Je suis devenue plus résiliente, plus déterminée.

– Allez, on commence par l'échauffement, dix minutes de corde à sauter, ordonne Jason.

Je saisis la corde et commence à sauter, synchronisant mon souffle avec le mouvement.

– Tu veux rester dans ce milieu ? Alors, montre-le ! dit-il en augmentant le rythme de l'entraînement. Il faut que tu sois plus en forme que toutes les autres. Et ça ne se fera pas sans effort.

Je m'efforce de suivre son rythme, même si mes muscles protestent.

– Bien, maintenant on passe aux squats, annonce-t-il. Tu sais ce que tu dois faire.

Je m'exécute, ressentant la brûlure dans mes cuisses.

Jason reste à mes côtés, il m'encourage :

– Allez, encore dix ! Tu peux le faire. Pense à pourquoi tu es là.

C'est dans ces moments-là que je réalise à quel point ce travail est exigeant. Il ne faut pas seulement paraître belle sur scène, c'est aussi une question de force, de résistance, de persévérance. Chaque séance avec mon coach me rappelle que je dois me battre pour conserver ma place, pour rester compétitive.

Après une heure de torture, je me sens revigorée. Jason me lance un regard approbateur.

– Bon travail. Récupère bien, on remet ça demain.

J'ai conscience que, dans ce milieu, mon corps intéresse plus que mon âme. Et comme pour un sportif de haut niveau, ma retraite arrive à grands pas. Ma beauté n'est pas éternelle. Je dois donc m'efforcer de maintenir le niveau le plus longtemps possible.

En sortant de la salle, je sens mon téléphone vibrer. Une notification s'affiche à l'écran : c'est un message d'Adam.

*« Bonjour, ma beauté, j'espère que tu as bien dormi. Disponible pour dîner ? »*, suivi d'une pluie de smileys avec des cœurs.

Ah, le voilà… mais pourquoi moi ? Il y a cent quatre-vingts danseuses, et je n'ai rien fait pour lui laisser supposer qu'il m'intéressait.

Connaissant Adam, je sais que toute réponse trop directe pourrait le vexer et entraîner des conséquences désagréables. Monsieur ego fragile pourrait bien décider que ma carrière doit s'arrêter net pour avoir osé le rejeter.

Pour une fois j'ai une excuse toute trouvée. J'ai invité plusieurs amis à dîner. Inutile donc de me creuser la tête pour chercher un prétexte.

Je tapote un message pour décliner et range mon téléphone.

Qu'est-ce que je vais bien pouvoir leur faire à manger ?

# – 8 –

## Le dîner

Les premiers effluves de cuisine embaument déjà la pièce. Une odeur de romarin, d'ail grillé et de beurre fondu se mêle à celle d'une bougie vanillée que j'ai allumée plus tôt. Le crépitement de l'huile dans la poêle, et ce silence particulier qui précède l'arrivée des invités… J'adore ce moment. Ce calme avant la tempête.

La table est prête, impeccable. Assiettes aux bords dorés, verres à pied parfaitement alignés et, au centre, un bouquet de fleurs fraîches que j'ai moi-même arrangé. Ça m'apaise de faire ça, de tout préparer avec soin. Sébastien passe derrière moi et dépose un baiser sur ma nuque, juste avant d'ouvrir la bouteille de vin.

– T'es stressée ?

– Non, jamais. J'aime bien ce genre de soirée, tu le sais.

Il me regarde, amusé, puis se penche pour sentir la sauce que je touille dans la casserole.

– Mmmh… ça, c'est l'odeur du succès.

Je lui donne un coup de torchon sur l'épaule en riant.

– Va mettre les couverts sur la table au lieu de me distraire.

Quelques minutes plus tard, la sonnette retentit.
Les amis…

*
* *

Comme à chaque fois, ça finit par arriver. Le moment des questions. Ça commence toujours de la même façon. Une vanne, un rire, et la fameuse question qui tombe.

C'est David qui lance la première grenade :

– Bon, c'est pas que je m'ennuie avec vos histoires de vacances à Miami, mais on sait tous ce qu'on veut entendre. Laly, une anecdote du club ! Juste une ! Allez, fais-nous rêver.

Mike tente de se faire discret en buvant son verre, mais David ne le rate pas.

– On t'a vu, Mike ! Tu fais genre je regarde ailleurs, mais on sait tous que tu en as écumé, des clubs de strip-tease, hein, Mike ?

Silence. Mike rougit. Natasha, sa femme, le dévisage, faussement indignée.

– Mike ?!

– Allez, ça va, j'étais jeune, c'était à Vegas, c'était… avant toi !

Tout le monde éclate de rire.

– Bon, Laly, raconte-nous le client le plus bizarre que tu aies vu.

Je réfléchis.

– OK, OK, je vais vous raconter quelque chose.

Un silence se fait. Je prends un moment, jouant avec mon verre avant de continuer.

– C'était une de ces soirées typiques à Vegas. Un homme entre au club, costume impeccable, cravate parfaite, mais ce qui attirait le plus l'attention, c'était ce qu'il tenait dans sa main.

Natasha penche la tête, intriguée.

– Quoi ? Qu'est-ce qu'il tenait ?

Je souris.

– Un escarpin. Un seul. Un escarpin noir verni, comme dans un remake un peu tordu de Cendrillon.

David est déjà secoué de rire.

– Attends, arrête ! Que faisait-il avec un escarpin ?

– Il allait de danseuse en danseuse, demandant à chacune d'essayer la chaussure. La première à qui ça allait parfaitement devenait son élue de la soirée.

Mike est bouche bée.

– Mais… pourquoi ?

– Apparemment, il voulait trouver « la femme parfaite », celle qui correspondait exactement à sa vision du charme. Et il avait mis une somme en jeu. Celle qui réussirait à enfiler l'escarpin sans effort recevrait un pourboire de 5 000 dollars.

Les réactions fusent. Morgan pousse un petit « Oh, mon Dieu ! », tandis que Natasha éclate de rire. David, lui, s'est levé de sa chaise pour imiter un prince tendant une chaussure imaginaire.

– Et toi, Laly ? Tu l'as essayé ? demande Morgan.

Je fais mine de réfléchir, créant un suspense volontaire.

– Oui, je l'ai essayé. Et vous savez quoi ?

Tous se penchent légèrement, suspendus à ma réponse.

– Ça n'allait pas. Une demi-pointure trop petit.

David pousse un cri dramatique et lève les bras au ciel.

– Injustice divine ! C'était toi, l'héroïne de cette histoire, Laly, et une demi-pointure a tout gâché !

Natasha rit doucement, les bras croisés.

– 5 000 dollars pour une chaussure… Non, mais, sérieusement, c'est un autre monde. Et le pire, c'est que ça ne me surprend même pas.

Morgan, toujours plus mesurée, hoche la tête.

– C'est vrai. À Vegas, tout est possible. Parfois, c'est comme si on vivait dans une version alternative de la réalité.

David, déjà hilare, attrape une olive et la lance en l'air avant de la rattraper dans sa bouche.

– Ce n'est pas une version alternative, Morgan. C'est la vraie réalité. Ici, un type avec un escarpin devient un héros local. Donnez-lui une cape et une boîte à chaussures, et il aurait son propre show sur le Strip.

– Ce genre d'histoires, c'est souvent lié à des fétiches. Les objets prennent une valeur symbolique ou sensuelle pour certaines personnes. Ça peut paraître bizarre, mais c'est souvent plus courant qu'on ne le pense.

David, bien sûr, saisit l'occasion.

– Attends, Séb. Tu veux dire que ce mec vivait son grand moment de spiritualité… et qu'une demi-pointure a tout fait capoter ?

Sébastien éclate de rire et secoue la tête.

– Disons que ça devait être un moment fort. Mais honnêtement, rien que la tête de Laly en réalisant que ça n'allait pas, ça devait valoir les 5 000 dollars.

Je le dévisage avec un sourire amusé.

– Merci, chéri. Toujours là pour rehausser l'éclat de mes grands moments.

David, les mains levées, intervient immédiatement.

– Bon, maintenant, soyons honnêtes. Laly, si ça avait été ta taille, tu l'aurais fait ? Tu serais partie en mode Cendrillon avec ce type ?

Je marque un temps avant de répondre.

– Peut-être. Mais j'aurais pris les 5 000 dollars d'abord.

Natasha éclate de rire et lève son verre.

– Voilà pourquoi on t'aime, Laly. Toujours le sens des priorités.

David saisit l'occasion, levant également son verre.

– Alors, trinquons. À Laly, notre presque Cendrillon. Et à ce héros de l'escarpin, où qu'il soit. J'espère qu'il a trouvé son pied parfait !

David repose son verre, un sourire en coin, prêt à enchaîner.

– Allez, Laly, sérieux, c'est quoi la première chose à laquelle tu penses quand tu montes sur scène ? Un truc du genre : « Voyons quel est le pigeon que je vais plumer », ou t'as une pensée plus… spirituelle ?

– En vrai, David ? La musique. Toujours. Et parfois, je me demande ce que je vais manger en rentrant.

Natasha, prise de court, s'étouffe presque avec son verre.

– Non, attends, tu penses à manger ? Vraiment ?

– Évidemment ! Vous croyez que c'est une épiphanie à chaque fois ? Ça reste un métier, et comme dans tous les métiers, il y a des moments où tu rêves juste d'un bon burger.

David lève un sourcil, faussement sérieux.

– OK, mais soyons clairs : strip-teaseuse, c'est vraiment un métier ? Genre, avec une fiche de paie et tout ? Ou c'est plutôt comme la méditation guidée, tu fais ça pour l'expérience ?

Je prends une gorgée d'eau avant de répondre, l'air mutin.

– Un métier, David ? Disons que si tu considères ça comme un hobby, sache que ce hobby peut rapporter plus que ce que gagne un chirurgien en fin de carrière. Alors… à toi de juger ce qui définit un métier.

La table éclate de rire, et David, fidèle à lui-même, enchaîne immédiatement :

– Attends, attends. Donc pendant que moi je galère à payer mes factures, toi, tu te fais des montagnes de billets juste en dansant ?! La vie est injuste.

– Laly, ça ne te dérange jamais de danser devant des inconnus ? Je veux dire… tu ne te sens jamais vulnérable ?

– Pas vraiment, Natasha. Parce que ce n'est pas vraiment « moi » qu'ils voient. Sur scène, je joue un rôle. C'est une performance, pas une confession.

David se penche en avant, intéressé.

– OK, OK, mais avoue, y a des fois où ça dérape, non ? Un mec trop insistant ou un moment où tu te dis : « Ça va trop loin ? »

Je hoche la tête.

– Ça arrive. Mais il y a des règles dans les clubs, et je suis douée pour poser des limites. Et puis, il y a la sécurité, les caméras, tout ce qu'il faut pour éviter les problèmes.

Morgan, jusque-là silencieuse, intervient timidement.

– Mais Laly… la nudité, ça reste… spécial. Intime. Est-ce que ça ne te gêne pas d'exposer ton corps comme ça ?

Je croise son regard, devinant que c'est plus qu'une question.

– Ce qui est intime Morgan, c'est ce qu'on choisit de partager. Et sur scène, je ne partage rien d'intime. Je joue un rôle. Mon corps devient un outil, pas une offrande.

Sébastien, qui suit l'échange, ajoute calmement :

– Et c'est pour ça que je ne m'inquiète jamais. Elle est là où elle veut être, et elle reste en contrôle.

– OK, Séb, mais avoue, tu n'as jamais eu envie d'aller voir par toi-même ? Un petit contrôle qualité, afin de vérifier si tout se passe bien ?

– Franchement ? Non. Ce n'est pas mon rôle. Et puis, elle me raconte tout en détail. Parfois même plus que ce que je voudrais savoir.

– Ouais, mais quand même, ça ne te fait rien de savoir qu'elle fait fantasmer des mecs tous les soirs ?

– Tu veux savoir ce que je ressens vraiment ?

David opine, les bras croisés, prêt pour une grande révélation. Sébastien se penche alors légèrement en avant, comme s'il allait lâcher un secret monumental.

– De la fierté. Parce qu'ils peuvent fantasmer autant qu'ils veulent, à la fin de la soirée, c'est chez moi qu'elle rentre.

Les rires éclatent, et je pose une main sur la sienne, lui adressant un sourire complice.

– Et tu sais quoi, David ? Il a raison. Je lui raconte tout, parfois même les choses les plus absurdes. Comme cette fois où un client a essayé de me payer avec des jetons de poker.

Natasha éclate de rire.

– Sérieusement ?

– Oh que oui, et il avait l'air convaincu que ça allait marcher.

David secoue la tête en riant.

– OK, OK, vous êtes trop forts, tous les deux. Moi, je le dis, je serais incapable de gérer.

Natasha le taquine.

– Peut-être que c'est parce que tu n'as jamais eu une relation aussi solide, David.

Il lève son verre.

– Touché.

Je laisse la conversation glisser un instant, j'observe les verres, les plats, les visages. Je sens le poids des regards sur moi, pas malveillants, mais pleins de cette curiosité qui gratte, qui fouille, sans vraiment se rendre compte.

– Vous savez, parfois, ce ne sont pas les questions qui fatiguent. C'est ce qu'il y a derrière. Une sorte de besoin d'étiqueter, de mettre une histoire dans une boîte bien carrée. Et ça, c'est partout. Pas juste ici, hein. Partout où je vais, je suis un peu une énigme à résoudre. Une histoire à expliquer. Ça ne dérange personne que je danse sur scène, tant qu'on peut comprendre pourquoi je le fais, ou qu'on peut y coller une morale.

Natasha fronce les sourcils, comme pour contester, mais reste silencieuse. David, lui, se contente de me regarder, sans faire de blague, pour une fois.

– C'est comme si je devais tout le temps être en train de me justifier, même sans parler. Et parfois, je ne sais même plus si c'est vraiment ce que les autres attendent ou si c'est juste moi qui ai intégré l'idée qu'il faut le faire. Peut-être les deux.

Morgan se penche en avant, l'air sincèrement concernée.

– Mais Laly, tu sais que tu n'as pas à te justifier, pas avec nous.

– Je sais. Mais malgré tout, ce n'est pas toujours facile de s'en détacher. Ce métier, ce que je fais, c'est comme une bannière. Et cette bannière, elle attire tout un tas de projections. Je deviens un personnage dans une histoire que les autres écrivent à ma place.

Sébastien intervient, la voix calme et posée comme toujours.

– C'est vrai. Mais ce que beaucoup oublient, c'est que c'est toi qui vis l'histoire. Et ce que tu ressens, ce que tu portes, personne d'autre ne peut vraiment le comprendre.

Natasha reprend, hésitante.

– Mais tu arrives à te détacher de tout ça ? À garder une distance ?

Je réfléchis un instant avant de répondre.

– Oui et non. La plupart du temps, je peux. Mais il y a des jours où ça pèse. Parce que ce n'est pas qu'une question de regard. C'est ce que ça représente. La société, les règles qu'elle impose, les cases dans lesquelles elle nous range et les attentes qu'elle a. Être en dehors de ces cases, c'est libérateur, mais c'est aussi… épuisant.

David reprend, son sourire malicieux de retour.

– Donc, ce que tu veux dire, c'est que t'es comme un alien infiltré dans la société humaine. Genre, t'observes tout et tu fais semblant de suivre les règles, mais en vrai, t'as déjà compris que c'était n'importe quoi ?

Je ris malgré moi.

– Pas exactement, David. Mais peut-être pas loin.

Il lève son verre, avec cet air faussement solennel qu'il maîtrise si bien.

– Alors, trinquons. À Laly, l'alien philosophe. Qui brille sur scène et nous met tous face à nos propres préjugés. Franchement, t'es la plus humaine de nous tous.

Les rires éclatent autour de la table. Cette fois, ils sont plus légers, mais je sens qu'ils portent quelque chose de vrai. Une sorte de compréhension tacite, même fugace, qui rend ce moment un peu plus réel, un peu plus sincère.

Le salon est calme maintenant, la lumière tamisée et les assiettes empilées sur le comptoir. Sébastien est assis à côté de moi, le dos calé contre le canapé, une bouteille de vin à moitié vide posée sur la table basse. Le bruit de nos respirations remplit l'espace, paisible, mais mes pensées, elles, tourbillonnent.

– Tu as l'air pensive…

– Je pense juste à… tout ça. À ce que les gens disent, à ce qu'ils imaginent. Parfois, je me demande si je ne passe pas mon temps à justifier mon existence.

– Justifier ? Avec eux ?

Je hausse les épaules.

– Pas seulement. Les gens, en général. Chaque fois que quelqu'un apprend ce que je fais, c'est toujours pareil. Les sourires polis, les regards qui glissent sur moi comme s'ils cherchaient à voir à travers mes vêtements. Les questions qui ont l'air innocentes, mais qui pèsent comme des jugements déguisés.

Sébastien boit une gorgée de vin, réfléchissant.

– Tu sais ce que je pense ?

– Dis-moi.

Il pose son verre et se tourne vers moi.

– Ils ne te posent pas ces questions pour te comprendre. Ils te les posent parce qu'ils ne se comprennent pas eux-mêmes. Ce n'est pas ton métier qu'ils remettent en question, c'est leur propre vie. Ils te regardent et voient une femme libre, une femme qui assume tout. Ça les fascine autant que ça les effraie. Alors, ils projettent.

– Projettent quoi ?

– Leurs doutes. Leurs regrets. Leurs peurs. Ils te regardent et se demandent s'ils auraient eu le courage de vivre comme toi. Pas de se tenir sur une scène, pas d'affronter des regards. Mais d'être eux-mêmes, vraiment. Toi, tu les forces à regarder des choses qu'ils préféreraient ignorer.

– Comme quoi ?

– Leur rapport au corps, à la liberté, à ce qu'ils considèrent comme « acceptable ». Quand ils te voient, ils voient une femme qui fait ce qu'elle veut, sans demander la permission. Ça les déstabilise.

– Peut-être. Mais ça n'enlève rien à ce que ça me fait, parfois. Cette impression d'être… différente.

– Mais tu l'es, Laly. Tu es différente. Pas parce que tu montes sur scène ou parce que tu fais ce que beaucoup n'oseraient jamais faire. Tu es différente parce que tu assumes tout ça. Et c'est ça qui les dérange. Pas ton métier, pas notre couple. Ton absence de honte.

– Tu crois que c'est ça ?

– Oui. La plupart des gens vivent avec un masque. Toi, tu n'en as pas. Et ça les renvoie à ce qu'ils ne sont pas capables d'être.

– Et toi ? Ça ne te dérange jamais, ce regard qu'ils posent sur toi, sur nous ?

– Pas une seconde. Parce que moi, je sais ce qu'on a. Ce qu'ils pensent ou imaginent, ça ne change rien.

– Et quand ils te posent des questions, comme ce soir, sur comment tu gères, sur ce que tu ressens… ça ne t'agace jamais ?

– Non, pas vraiment. Parce que je sais que ces questions ne sont en définitive pas pour moi. Elles sont pour eux. Ils essaient de comprendre, de mettre des mots sur quelque chose qui dépasse leur cadre. Ils pensent peut-être que c'est compliqué pour moi, parce que pour eux, ça le serait. Mais ils ne comprennent pas que ce qu'on a, ce n'est pas compliqué. C'est simple, parce que c'est solide. Parce que je vois au-delà. Je vois toi, la vraie toi. Pas ce qu'ils pensent voir.

– Tu penses qu'ils pourraient changer ? Qu'ils pourraient comprendre un jour ?

– Certains, peut-être. Mais ça ne devrait pas être ton problème. Tu ne vis pas pour les éduquer, tu vis pour toi.

Il a raison, bien sûr. Mais une part de moi ne peut s'empêcher de se demander ce que ce serait, de ne pas sentir ces regards, ces jugements. De simplement exister, sans devoir me justifier en permanence.

– Laisse-les. Ils continueront à poser des questions, à essayer de t'enfermer dans une case qu'ils connaissent. Mais toi, tu es bien trop grande pour entrer dans leurs petites cases.

C'est dans ces moments que je comprends une fois de plus pourquoi je l'aime. Parce que avec lui, tout semble simple. Parce qu'il m'aide à me rappeler que je n'ai rien à prouver, rien à cacher. Juste à vivre.

# – 9 –

# Adam

Je rencontrai Adam lors de ma première audition.

Le jour tant attendu, une foule de sentiments m'envahirent, accentués par la différence culturelle et la sensation d'être une étrangère.

L'appréhension se mêlait à l'excitation alors que je pénétrai dans ce club, dont les origines étaient profondément enracinées dans le passé sombre de la mafia. Théâtre de nombreuses transactions illégales, de paris clandestins et d'autres activités criminelles, il jouissait d'une aura mystérieuse et dangereuse ; et son patron, Adam, ne dépareillait pas dans ce décor.

Issu lui-même d'une longue lignée de mafieux dont le Paradise était l'héritage, il cultivait son image de personnage de film noir, silhouette imposante, costume taillé sur mesure, cheveux charbon coiffés en arrière accentuant un front large, sourcils épais, toujours froncés. Une allure sombre et mystérieuse, une aura de puissance qui ne laissait aucun doute quant à son statut et son autorité.

En un mot, Adam incarnait le visage du monde secret du strip-tease à Las Vegas, un personnage intrigant et complexe.

Derrière les murs du Paradise régnait une atmosphère particulière, comme si vous faisiez un bond dans le passé, dans les années 1960, époque marquée par le début de la libération des mœurs, quand le strip-tease était alors vécu comme une célébration de la beauté féminine et de la liberté sexuelle.

Je sentis une vague d'admiration m'envahir. Les lumières étincelantes et les décors d'antan me transportèrent dans une autre époque. C'était comme si je marchais sur les traces des icônes du passé, des légendes comme Gypsy Rose Lee, Lili St. Cyr ou Tempest Storm, qui avaient fait vibrer ces mêmes lieux des décennies auparavant.

J'étais sur le point de réaliser un rêve que j'avais nourri depuis mon lointain pays.

Je sentais circuler dans l'air un mélange de passion, de désir et de liberté. L'essence même de Las Vegas, où les fantasmes prenaient vie et les inhibitions étaient reléguées au second plan.

Je ressentais une sorte de connexion profonde avec cet endroit.

Les rires, les murmures et les regards complices entre les danseuses formaient une sororité secrète, un sentiment d'appartenance à une communauté qui partageait les mêmes aspirations.

Un endroit où chacun pouvait apporter sa propre magie.

Je m'étais donné les moyens de réaliser un de mes rêves, devenir strip-teaseuse à Las Vegas, et rien ne pourrait m'arrêter, pas même le patron accoudé au bar qui attendait patiemment de voir ma prestation.

Avant mon passage j'observai les autres danseuses. Leurs mouvements gracieux, leurs sourires confiants, tout semblait parfaitement chorégraphié. Il y avait une beauté brute et authentique dans leur façon de se mouvoir, une forme d'art qui allait bien au-delà de la simple séduction. Elles incarnaient une élégance féroce, une puissance féminine qui transcendait la scène.

Puis ce fut à moi. Mon cœur battait à tout rompre, je ressentais une montée d'adrénaline, une anticipation mêlée d'excitation et de trac qui me faisait vibrer de la tête aux pieds.

Le regard d'Adam était fixé sur moi. À ses côtés se trouvaient d'autres danseuses, toutes dans l'attente de voir ma performance.

Leurs regards oscillaient entre curiosité et évaluation, ajoutant une pression supplémentaire à ce moment déjà intense.

La musique démarra, un rythme sensuel envahit la salle. Je pris une profonde inspiration et entamai ma chorégraphie avec confiance.

Ce n'était pas ma première audition, et il n'y avait aucune raison pour que cela se passe mal.

Les danseuses m'encourageaient par de légers sourires, des regards complices et des applaudissements mesurés. Malgré notre rivalité, nous comprenons que chacune à sa propre signature artistique. Et c'est précisément sur scène que nous ressentons cette solidarité, bien qu'elle soit éphémère.

Une fois mon audition terminée, les sourires s'effacèrent, les regards redevinrent inquisiteurs et la compétition reprit son cours.

Chaque nouvelle venue, chaque aspirante strip-teaseuse représente une menace potentielle pour elles. Étais-je une débutante éphémère ou une véritable rivale qui pourrait leur voler la vedette ? La compétition entre danseuses est une réalité inévitable dans un club de strip-tease. Certaines sont prêtes à tout pour conserver leur place privilégiée, ou pour grimper dans la hiérarchie du club. Je l'apprendrais plus tard à mes dépens.

Le regard d'Adam, toujours accoudé au bar, se posa sur moi à la fin de ma prestation. Son expression ne trahissait aucune émotion, mais son geste de la main m'indiqua clairement qu'il souhaitait me parler.

Une bouffée de nervosité m'envahit alors que je me dirigeais vers lui, incertaine de ce qu'il allait me dire. Lorsque j'arrivai à sa hauteur, il prit une gorgée de son verre et se pencha légèrement vers moi pour prononcer quelques mots à voix basse :

– Tu as du potentiel.

Je souris, cela voulait dire que j'étais prise.

– Mais n'oublie pas que ce n'est que le début. Si tu veux te faire une place ici, il te faudra travailler dur, être prête à tout donner.

Je hochai la tête, bien que je ne fus pas totalement sûre de saisir toutes les implications de ses paroles.

– Oui, je comprends.

Il sembla satisfait de ma réponse et continua :

– Suis-moi dans mon bureau, nous devons finaliser les détails de ton contrat.

Alors que nous traversions la salle, il ajouta, comme pour tester ma réaction :

– Les filles ici doivent non seulement savoir danser, mais aussi savoir jouer le jeu. Tu sais jouer, Laly ?

Je répondis avec assurance :

– Je suis prête à apprendre.

Il émit un petit rire, peut-être amusé par ma réponse.

– Nous verrons ça.

Son bureau était un cliché de ce à quoi on pouvait s'attendre d'un patron de strip-club. Les murs étaient tapissés de velours rouge sombre, des cadres dorés contenaient des photos de femmes magnifiques, certaines à moitié nues, d'autres dans des poses suggestives, toutes marquant les « succès », et les « conquêtes » d'Adam.

Sur une étagère en verre fumé, des trophées clinquants et tape-à-l'œil brillaient sous l'éclairage tamisé, chacun célébrant les meilleures performances et les soirées les plus mémorables du club.

Au centre de la pièce trônait un immense bureau en bois d'acajou, poli à la perfection. En m'approchant, je remarquai des objets assez insolites : un presse papier-talon aiguille, un porte-stylo-corset rose vif, un étui à cigares-fusée, un bocal rempli de bonbons en forme de seins et de fesses. Il y avait même une boule à neige contenant une danseuse de pole dance qui se mouvait sensuellement chaque fois que la boule était secouée.

Je me retins de sourire.

Oui, j'étais bien dans le bureau d'un patron de strip-club ! On aurait dit qu'il faisait de son mieux pour cocher toutes les cases du manuel des stéréotypes.

Il me désigna le fauteuil en face de lui.

– Assieds-toi, dit-il en me tendant un formulaire. Je vais te demander de signer ces documents.

Je regardai le contrat sans vraiment le lire, sachant que cela me prendrait au moins trente minutes tant il y avait de paperasse.

– Tu as choisi ton nom de scène ? demanda-t-il, les yeux fixés sur moi.

– Laly, répondis-je.

J'avais fait le choix de garder mon prénom car même si je joue un personnage, j'ai besoin de rester ancrée dans la réalité, à mon écoute, et de ne pas tricher. Se dire : « Ce n'est pas moi, c'est juste un rôle le temps d'une soirée » ne m'intéressait pas.

– Laly, hein ? Ça sonne bien, facile à retenir. Ici, chaque détail compte, dit-il en feuilletant quelques documents sur son bureau.

Il releva les yeux vers moi, son expression se faisant plus sérieuse.

– Écoute bien, ici seules les meilleures survivent. Ce club, c'est une arène. Les clients viennent chercher du rêve, de l'évasion. Ils veulent être éblouis, et c'est à toi de leur donner ça.

Je ne comprenais pas exactement où il voulait en venir, mais je restais attentive.

– Tu devras être impeccable chaque soir, enchaîna-t-il. La moindre erreur peut te coûter ta place. Ici, la perfection n'est pas une option, c'est une exigence. Tu dois être prête à donner plus que les autres, à te surpasser continuellement.

Il marqua une pause, puis se pencha légèrement en avant, et murmura :

– Dans ce club, il y a des règles non écrites. Sois respectueuse envers les autres danseuses, mais n'oublie jamais que chacune d'entre elles est aussi une concurrente. La solidarité à ses limites, ici.

Je hochai la tête, consciente de l'avertissement.

– Je comprends, répondis-je.

Il me fit un sourire, puis me tendit un stylo.

– Bienvenue dans l'équipe, Laly. Mais souviens-toi, rien n'est jamais acquis. Tu devras prouver ta valeur chaque soir.

Cette signature apposée sur le contrat était le point de départ officiel de mon aventure dans le monde du strip-tease à Las Vegas. C'était un des symboles de ma détermination à m'épanouir, à m'affirmer en tant que femme et à défier les limites imposées par la société.

Cependant, ce que je ne pouvais pas prévoir, c'est que ce chemin allait être semé d'embûches. Un patron insistant, omniprésent, qui me harcèlerait de messages, me traquerait dans le club, et userait de son autorité pour me convoquer en permanence dans son bureau. J'allais devoir supporter cette pression constante également de la part des managers qui rackettent les danseuses à la fin de chaque soirée.

Mais que j'allais aussi gagner beaucoup d'argent, des sommes indécentes, rencontrer des personnalités hors du commun, des stars du cinéma, des chanteurs, des sportifs de haut niveau.

J'allais me lier d'amitié avec des danseuses incroyables au parcours atypique.

Ce métier, je l'aime autant que je le déteste. Il me déchire, me confronte à mes limites et mes valeurs. Mais, d'une manière paradoxale, il m'offre une liberté que je n'ai jamais connue auparavant. Une liberté au prix de sacrifices, de regards dédaigneux et de préjugés.

# – 10 –

## Week-end du *Memorial Day*

C'est un long week-end de trois jours qui s'annonce, l'équivalent de la fête de la Pentecôte en France.

Cela ramène un flux de personnes venant de tous les coins des États-Unis, prêtes à faire la fête dans la ville qui ne dort jamais.

Les hôtels rivalisent d'efforts pour attirer les fêtards, proposant des spectacles grandioses, des concerts en direct et des soirées à thème.

Le club ne sera pas en reste, il va y avoir foule ce soir.

En général je ne travaille pas le samedi, ce n'est pas un de mes jours préférés, car moins qualitatif que les jours de la semaine.

Il y a davantage de fêtards et d'enterrements de vie de garçon que de businessmen sortant d'une convention.

C'est un tout autre travail. Il faut savoir gérer des gens alcoolisés, qui ne vont dépenser que 200 dollars au maximum, et être parfois très compliqués.

Mais ce soir, avec la masse de gens présents en ville, j'espère décrocher le gros lot.

Être strip-teaseuse, c'est un peu comme parier, ou jouer au casino. Tu paies ton entrée (ta mise de départ) et ensuite, c'est toi et ta chance. Tu peux gagner ou tu peux rentrer chez toi en négatif (en ayant perdu de l'argent).

Je maîtrise l'art de la conversation, je sais lire les désirs et les besoins non exprimés, et je peux m'adapter à chaque situation pour maximiser mes gains. Je connais les jeux de pouvoir et de séduction, et je sais les utiliser à mon avantage. En offrant une oreille attentive à mes clients, je peux transformer une simple danse en une soirée très lucrative.

Mais il y a aussi les autres danseuses, plus jeunes, et moins expérimentées, qui sont là pour faire la fête et boire avec les clients. Elles n'ont pas acquis le savoir-faire des strip-teaseuses « à succès », et certaines d'entre elles ne feront peut-être jamais d'argent dans ce milieu. Elles se laissent souvent distraire par l'ambiance festive, négligeant l'aspect professionnel du métier.

Chaque soir où je travaille, je me fixe un objectif financier. Cela me permet de me préparer mentalement à l'effort nécessaire pour l'atteindre. En restant concentrée sur ce but et en évitant les distractions, j'y parviens à chaque fois. C'est une question de discipline et de stratégie.

La préparation pour ma soirée commence à la tombée de la nuit. J'aime me maquiller chez moi, au calme, où je peux prendre le temps de parfaire chaque détail avant d'arriver au club. Je suis alors prête à travailler immédiatement. Souvent, mon mari passe la tête par la porte de la salle de bains pour me lancer un doux : « Tu es magnifique, comme toujours. » Ces simples mots m'apaisent et me donnent la sensation de partir avec un peu de lui.

Cependant, ce soir-là, en poussant les portes du Paradise, je réalise que la soirée sera difficile. Le club est bondé, des groupes déjà bien alcoolisés, ce que je n'apprécie pas particulièrement. L'atmosphère est électrique, bruyante, et chargée de cette énergie frénétique que je reconnais immédiatement. Les rires sont plus forts, les discussions plus animées, et les gestes plus extravagants.

En traversant la salle, je peux déjà observer quelques incidents mineurs : des verres renversés, des disputes éphémères, des danseuses évitant habilement les mains baladeuses. C'est dans ces moments que mon expérience et ma vigilance sont cruciales. Je dois rester alerte, lire les signaux, anticiper les problèmes avant qu'ils ne dégénèrent. Mes réflexes d'ancienne policière resurgissent.

Dans les loges, c'est la cohue, il doit y avoir une centaine de danseuses. La compétition va être rude, et je sens que la solidarité féminine ne sera pas de mise ce soir. Chacune se battra pour attirer les clients, il y aura de la rivalité, des coups bas et des comportements peu scrupuleux.

Il faut considérer chaque danseuse comme une rivale, ce qui rend le travail du samedi désagréable pour moi.

Malgré tout, je me change rapidement, optant ce soir-là pour un ensemble flashy qui brille sous les néons du club. Il est essentiel de se démarquer des autres filles dans cette ambiance compétitive. Je jette un dernier coup d'œil dans le miroir, me répète mon mantra et me lance dans l'arène.

Par où commencer? La foule est immense, il n'est pas évident d'aborder un groupe de personnes inconnues en disant simplement : « Salut, je m'appelle Laly! », et d'engager la conversation comme si de rien n'était. Mais difficile ou pas, c'est ce que je vais devoir faire, car ici, personne ne viendra me chercher.

Je m'approche d'un groupe d'hommes d'une trentaine d'années. Ils n'ont fait aucun effort concernant leur tenue vestimentaire. Je sens que ce n'est pas le meilleur début de soirée. Tant pis, ce soir, j'ai compris que la quantité prévaudra sur la qualité.

Je me présente, la discussion est aussi vide qu'une coquille, faite de banalités sans intérêt, typique d'un samedi soir. Dans ces situations, j'ai une règle : je n'accorde pas plus de dix minutes par personne. Mon temps est précieux, et je ne suis pas là pour faire des rencontres ou m'amuser.

Après avoir échangé nos prénoms, une brève discussion sur son chat et son métier, je lui propose une danse privée.

Clairement le profil en face de moi n'est pas Éric ni le couple aisé, là c'est plutôt une danse à 200 dollars.

Mais 200 dollars multipliés par plusieurs clients, ça peut monter très vite.

Il accepte facilement la danse. Fier comme un coq, il tape la main de ses amis en partant, comme s'il venait de remporter le gros lot à la loterie.

Pour moi, il n'est qu'un visage parmi tant d'autres, un client de plus dans une mer d'indifférence. Son prénom, son histoire, tout cela m'échappe déjà. Dans ce métier, les interactions sont éphémères, dénuées de profondeur. Mon regard scanne déjà la salle, cherchant ma prochaine proie alors que nous nous dirigeons vers le carré VIP. C'est une routine bien huilée, un jeu où les émotions sont mises de côté, et où seul l'objectif financier compte.

En passant devant Shawn, je lui annonce que je vais faire quinze minutes, il le note sur son cahier et me laisse passer. Ce type de danse n'engage que mon physique, je n'ai pas besoin de parler, sauf pour lui demander de me payer en espèces, et cela avant de commencer la danse.

– Cela fera 200 dollars pour la danse s'il te plaît, dis-je avec un grand sourire commercial

Il s'exécute, la main tremblante, déjà dépouillé de toute son assurance initiale. Je ne peux m'empêcher de sourire intérieurement ; les hommes sont tellement prévisibles.

Une fois qu'il m'a payée, j'annonce les règles, LA règle :

– Interdiction de toucher, tu gardes tes mains le long du corps. À la moindre tentative, la danse est terminée. C'est clair pour toi ?

– Oui, bien sûr.

La nervosité suinte dans sa voix.

Note à moi-même : ne jamais leur faire confiance.

Une fois que vous êtes nue devant eux, la promesse s'évapore, et le prédateur refait surface. Ils oublient instantanément leur engagement, leurs mains deviennent incontrôlables, cherchant à braver sournoisement l'interdiction.

De vrais enfants.

Et lui ne fait pas exception. À peine ai-je le dos tourné qu'il tente une approche, mais je suis déjà face à lui, mon regard noir clouant son audace.

– Pardon, je ne le referai plus, dit-il penaud et honteux.

Bien sûr que si, il retentera, il me dira que ce n'est pas humain, que c'est difficile pour lui de rester immobile, de résister à la tentation.

Pour être honnête, je fais en sorte qu'il arrive à un état où il devient compliqué pour lui de gérer ses émotions.

Chacune de mes paroles, chaque geste, un mouvement de cheveux, un regard, tout est calculé minutieusement. Je sais attiser le désir pour qu'il aboutisse à une frustration, celle de ne pas pouvoir me toucher.

Je domine ces soi-disant manipulateurs, ces hommes qui croient tout maîtriser. En réalité, ils abandonnent leur cerveau au profit de ce qu'ils ont en dessous de la ceinture. J'ai appris avec le temps que ce schéma se répète inlassablement. Leur faiblesse est prévisible, presque pathétique, et je l'utilise à mon avantage.

Dans un club de strip-tease, les hommes se révèlent sous un jour différent. Ils se transforment en versions amplifiées de leurs désirs et de leurs insécurités. L'illusion d'intimité crée un environnement où leurs véritables natures se manifestent sans retenue.

Les jeunes hommes, pleins de vigueur et d'orgueil, croient que leur simple présence mérite toute notre attention. Ils viennent avec leurs vêtements à la mode, leur langage corporel arrogant, et une confiance débordante. Mais cette assurance disparaît rapidement lorsqu'ils réalisent que nous contrôlons le jeu.

Les hommes d'âge moyen, souvent pris entre le stress de leur carrière et les responsabilités familiales, recherchent un exutoire. Ils veulent une évasion temporaire, un moment où ils peuvent se sentir désirés et admirés, loin des attentes et des pressions quotidiennes. Ils pensent pouvoir acheter cette évasion avec de l'argent, mais ils découvrent vite que nous ne sommes pas si facilement impressionnées.

Les hommes plus âgés, en revanche, viennent chercher ce qu'ils ont perdu avec le temps : la séduction, la jeunesse, la validation. Ils sont prêts à dépenser sans compter pour un moment d'illusion, pour revivre une époque où ils se sentaient au sommet de leur pouvoir. Mais eux aussi, malgré leur expérience de vie, tombent dans les mêmes pièges, révélant des failles que nous, danseuses, savons exploiter habilement.

Il y a aussi ceux qui viennent par curiosité, par défi, ou même par désespoir. Leurs comportements varient, mais une constante demeure : leur vulnérabilité. Qu'ils soient riches ou modestes, arrogants ou timides, tous montrent des signes de faiblesse que nous détectons rapidement.

Dépeints comme cela, on pourrait se demander qui est le véritable prédateur : l'homme ou la strip-teaseuse ? La vérité est qu'il n'y a ni gagnant ni perdant ici. Chacun trouve ce qu'il est venu chercher. Les hommes viennent pour une illusion de pouvoir et de désir, et nous autres danseuses, nous leur offrons cette illusion tout en tirant profit de leurs faiblesses. C'est un échange, brut et honnête, où l'humanité se révèle dans sa forme la plus crue et la plus sincère.

Je suis persuadée que je peux obtenir une danse beaucoup plus chère, je vais le faire languir. Je veux qu'il me supplie presque, qu'il pense qu'il maîtrise la situation et que je ne reste que l'objet de son fantasme. Je vais le faire mijoter lentement. J'endosse le rôle de femme fatale, chaque geste, chaque regard calculé pour attiser son désir tout en lui faisant croire qu'il détient le contrôle.

À chaque mouvement de mon corps, je sens son regard se faire de plus en plus insistant, plus avide. Je me rapproche, mais jamais trop près, laissant une distance savamment dosée pour qu'il ressente l'envie de combler cet espace. Mes mains effleurent sa peau, mes cheveux tombent en cascade autour de son visage, créant une vague de tentation.

Je joue avec ses attentes, ralentissant mes mouvements, laissant des pauses calculées pour qu'il anticipe ce qui va suivre. Mon regard croise le sien, et je vois cette lueur de frustration mêlée d'excitation. Il croit qu'il mène le jeu, qu'il me possède déjà dans ses fantasmes, mais en réalité c'est moi qui orchestre chaque seconde de cette danse.

– Tu aimes ça, n'est-ce pas, murmuré-je, la voix douce comme du velours, presque un souffle contre son oreille. Je peux faire bien plus dans la *champagne room.*

Il déglutit, son désir palpable. Je peux voir qu'il est prêt à tout pour prolonger ce moment, pour découvrir ce que « bien plus » signifie vraiment. Ses pensées se bousculent, imaginant sans doute des scénarios. Je sais que je l'ai, il est là où je le voulais.

– C'est combien ?

Sa voix est légèrement tremblante, mais déterminée.

Je souris intérieurement, savourant ce moment. Je pourrais lui donner un chiffre tout de suite, mais je préfère le laisser mijoter encore un peu, renforcer son désir. Je fais mine de réfléchir, laissant planer un suspense calculé.

– On peut arranger ça, ne t'inquiète pas. On peut en discuter là-bas, lui dis-je en désignant la direction du bureau de Shawn.

Il hoche la tête, presque trop rapidement, et je sens qu'il est déjà conquis, prêt à me suivre n'importe où. Je me redresse, lui offre un sourire mystérieux avant de m'éloigner lentement, m'assurant qu'il ait une vue imprenable sur moi en train de me diriger vers Shawn.

Je sais qu'il me regarde, ses pensées en ébullition, et je suis certaine que, dans quelques instants, il sera là, me suppliant presque de lui accorder cette danse exclusive.

Je le vois arriver, son regard brille d'excitation et de nervosité. Il me demande presque en chuchotant :

– Je peux payer par carte ? Et qu'est-ce qui apparaîtra sur mon relevé de compte ?

Le mâle a une brève pensée pour sa femme à ce moment-là, purement égoïste, craignant de se faire attraper. Son regard se voile un instant, une hésitation fugace traverse son esprit. Il se demande ce qu'elle pourrait penser en voyant une somme aussi exorbitante dépensée en une seule nuit. La culpabilité le rattrape, mais seulement l'espace d'un instant.

– Ne t'inquiète pas, c'est le nom d'un restaurant qui y figurera, lui réponds-je avec un sourire rassurant.

Ses épaules se détendent légèrement. Il ne réfléchit pas au fait que sa femme se demandera pourquoi il a dépensé plus de 1000 dollars dans un dîner.

Dans sa tête, le problème est réglé, l'alibi trouvé.

Son cerveau ne fonctionne plus, alors dirigé par autre chose. Tout son être est focalisé sur le plaisir imminent, sur cette promesse de satisfaction que je lui ai habilement glissée. Je demande à Shawn de me réserver une *room* pour 1 000 dollars, en omettant volontairement de mentionner la bouteille de champagne à 400 dollars.

Cela représente trop d'informations pour un homme dans cet état. La complexité le perdrait, le ferait peut-être réfléchir. Je lui donne mon prix, il n'y a que ça qui l'intéresse, la bouteille de champagne passe plus facilement après. Il sort sa carte sans broncher, me regarde avec cet espoir brûlant, l'espoir que son fantasme se réalisera dans quelques minutes.

Une fois la transaction terminée, je sais exactement comment cela va se passer. Durant la première danse, j'ai établi son profil : il est ce genre d'homme qui a juste besoin de parler. En payant pour la VIP *room*, il a franchi sa dernière limite. Son fantasme, il vient de le réaliser indirectement.

Il pourra fanfaronner en disant à ses copains qu'il a pris la *room* la plus chère. Il jouera son rôle d'homme dominant, et Dieu sait ce qu'il inventera. Peut-être racontera-t-il des histoires exagérées de ce qu'il se sera passé dans cette pièce, de ses exploits imaginaires. Il se présentera comme celui qui a vécu une expérience inoubliable, suscitant l'envie et l'admiration de ses amis.

Et pourquoi pas ? Après tout, cela nourrit le mythe du club de strip-tease. Que peut-il bien se passer derrière ces rideaux ? C'est plus glamour d'inventer ce genre d'histoires que d'avouer qu'on a passé une heure à se confier. En réalité, je trouve cela plutôt attendrissant. Ces hommes créent leur propre version de la réalité, et je ne peux pas leur tenir rigueur de vouloir embellir ce moment.

En nous dirigeant vers l'épais rideau rouge, je remarque son regard furtif, sa nervosité palpable. Je le vois jeter des coups d'œil autour de lui, comme s'il craignait d'être reconnu, puis me suivre de près, anticipant ce qui va se passer.

Mais je sais. Dès que nous serons seuls, le silence s'installera, chargé d'une tension nerveuse. Il s'assiéra, prendra une gorgée de champagne, et respirera profondément. Ensuite, les mots commenceront à couler, libérés par l'alcool et l'intimité de la pièce. Il se détendra peu à peu, trouvant le courage de partager des confidences qu'il ne pourrait faire à personne d'autre.

Il me parlera de ses frustrations, de son mariage, de ses enfants. Je serai là, l'écoutant avec une attention sincère, offrant des réponses compatissantes, des hochements de tête rassurants. Il se sentira entendu, valorisé. C'est ce besoin de validation, de se sentir vu et compris, qui l'a conduit ici.

Il a payé pour cela, pour ce moment de liberté où il peut être lui-même, sans masque.

En tout cas, c'est souvent ce qui se passe avec moi dans ce genre de *room*. D'autres strip-teaseuses travaillent différemment, chacune avec sa propre approche et sa propre personnalité, sa façon de créer des connexions, et c'est ce qui rend ce métier si unique et diversifié. Moi, j'invite probablement à la confidence.

Oui, je sais manipuler avec mon physique pour atteindre l'objectif de vendre une danse le plus cher possible, mais une fois la transaction effectuée, c'est cette autre facette de moi qui prend le dessus. Quand je sens que quelqu'un a besoin de parler, que sa présence ici va bien au-delà de l'amusement, je sais écouter. Je ressens quand leur venue au club est motivée par quelque chose de plus profond. Dans ces moments-là, je me laisse guider par mon instinct et ma capacité à offrir une oreille attentive.

Cela me rappelle la fois où j'ai gagné une somme impressionnante en quelques heures, mon record à ce jour...

C'était en décembre, un mois généralement calme pour les clubs de strip-tease. Le *floor* était pratiquement vide, et je ne m'attendais pas à grand-chose.

Tout a changé lorsque j'ai remarqué cet homme fasciné par ma prestation sur scène. Il restait planté devant moi, les yeux écarquillés, comme s'il venait de voir quelque chose de divin. Je l'ai rapidement emmené à l'étage VIP, sans imaginer à quel point cela allait changer ma soirée.

Nous avons commencé par une danse d'une heure, et il a généreusement accepté de payer 1 500 dollars. Pourtant ce qu'il cherchait n'était pas ce que j'aurais pu imaginer. Il voulait simplement être enlacé, sans parler. Au début, j'ai ressenti une gêne que je n'avais jamais éprouvée auparavant.

C'était bien plus intime que de simplement danser pour lui. Le contact physique sans communication verbale m'a mise mal à l'aise. C'était trop proche, trop personnel, cela dépassait mes limites. Mais comment dire non à quelqu'un qui veut simplement un câlin ?

Chaque seconde semblait durer une éternité. Je pouvais sentir les battements de son cœur, lents et lourds, résonner contre ma poitrine. Son tee-shirt était humide, probablement de sueur ou de larmes, ajoutant à l'inconfort. Chacune de ses respirations soulevait légèrement mon torse, nous obligeant à une synchronisation forcée. Je sentais sa chaleur corporelle qui, loin de me réconforter, accentuait mon malaise.

Son souffle chaud contre mon cou me faisait frissonner, non pas de plaisir, mais d'une gêne profonde. Le poids de ses bras autour de moi était à la fois un fardeau et une prison. Ils devenaient de plus en plus lourds, c'en était presque suffocant. Ses doigts s'accrochaient à mon dos, serraient parfois un peu plus fort, comme s'il craignait que je m'échappe. Son tee-shirt mouillé collait à ma peau, une sensation désagréable qui me rappelait constamment notre proximité indésirable.

Je suis restée comme ça pendant peut-être trente minutes, immobile dans cet embrassement étrange et oppressant. Mon esprit oscillait entre la compassion pour cet homme brisé et le désir intense de m'échapper de son étreinte. Chaque minute passée ainsi me semblait interminable. Je pouvais sentir la tension monter dans mes muscles, crispés par l'effort de ne pas bouger.

Mon esprit cherchait désespérément une échappatoire, mais j'étais piégée, contrainte de rester là, absorbant sa douleur et son désespoir.

Au fil des heures supplémentaires, il s'est ouvert à moi, partageant ses lourds problèmes familiaux. Sa femme souffrait d'une maladie rare, et ses enfants étaient lourdement handicapés. Il gérait tout cela seul.

Malgré sa réussite professionnelle et financière, il était évident qu'il n'était plus heureux depuis bien longtemps. Nous avons échangé, et j'ai été là pour l'écouter et lui prodiguer des conseils lorsque cela était approprié. J'ai remarqué qu'il buvait énormément, mais que l'alcool ne semblait pas avoir d'effet sur lui. C'était un véritable flot de paroles et de larmes qui jaillissait de lui.

D'un côté il y avait l'attrait de l'argent. Chaque minute écoulée, chaque mot échangé, représentait des billets de plus dans ma poche. Le fait de prolonger notre discussion était une stratégie lucrative. Je savais que plus il parlait, plus l'addition s'alourdissait. Chaque heure supplémentaire était payée rubis sur l'ongle, et la somme augmentait de manière presque indécente. C'était une opportunité rare, surtout pour une nuit aussi calme que celle-ci.

Mais au fur et à mesure que les heures passaient, la fatigue émotionnelle commençait à prendre le dessus. Ce n'était pas seulement l'épuisement physique de rester là, mais le poids émotionnel de ses confidences, de sa douleur, de sa tristesse. Chaque nouvelle révélation de sa part ajoutait un fardeau supplémentaire sur mes épaules déjà fatiguées.

Je pouvais sentir croître en moi une dualité. Une part de moi voulait continuer, savait que chaque minute était de l'argent facile, surtout pour quelqu'un dans une situation aussi désespérée. Mais l'autre part de moi, celle qui ressentait chaque mot comme une épée dans le cœur, commençait à crier stop.

J'étais tiraillée entre le désir de maximiser mes gains et le besoin croissant de mettre fin à cette séance. La compassion que je ressentais pour lui se mêlait à un sentiment d'épuisement si profond que je ne pouvais plus l'ignorer. Mon envie de gagner de l'argent diminuait à mesure que l'envie de sortir d'ici grandissait.

Il est difficile de décrire cette sensation de dualité, où l'attrait du profit entre en conflit avec les limites de l'endurance humaine. C'était un équilibre délicat, presque impossible à maintenir.

Quand il a finalement déposé 5 000 dollars sur la table, j'ai ressenti un mélange d'avidité et de lassitude. L'argent était là, à portée de main, mais à quel prix ? À ce moment-là, j'ai compris que ma capacité à écouter et à supporter avait ses limites. Mon désir de continuer s'était presque éteint, remplacé par une envie intense de m'échapper, de retrouver mon propre espace de tranquillité.

Mais j'ai accepté de continuer, en me disant que ce serait la dernière heure. J'ai continué à l'écouter, m'efforçant de rester présente malgré ma fatigue croissante. Chaque minute s'étirait, les mots se mêlaient, et ma concentration vacillait. Pourtant je persistais, consciente que cet homme avait besoin de ce moment, de cette oreille attentive qui absorbait sa peine.

Alors que l'heure passait, je sentais ma propre résistance s'effriter. Mon corps et mon esprit criaient à l'unisson pour une pause, pour une libération de ce fardeau émotionnel. Mais je restais fixée sur ce canapé, comme ancrée par les billets sur la table et la profondeur de la douleur de cet homme.

Enfin, après ce qui m'a semblé être une éternité, il a ouvert le rideau. Ses mouvements étaient lents, presque hésitants, comme s'il reprenait pied dans la réalité. Il évitait soigneusement mon regard, les yeux fixés sur un point invisible devant lui. Il a ajusté sa veste, remis ses affaires en ordre et, d'une voix neutre, presque glaciale, il a simplement dit :

– On se reverra peut-être l'année prochaine.

Le contraste était saisissant. Pendant des heures, il s'était ouvert à moi, dévoilant des couches de souffrance et de vulnérabilité. Désormais, il se repliait sur lui-même, érigeant de nouveau les barrières qui le protégeaient du monde extérieur. C'était comme s'il avait ouvert une vanne, laissant couler un torrent d'émotions, puis l'avait refermée brutalement pour contenir le reste.

Ce moment m'a fascinée et déroutée à la fois. Après s'être livré à cœur ouvert, il semblait vouloir effacer toute trace de ce qu'il venait de partager. Peut-être était-ce sa façon de se protéger, de reprendre le contrôle après s'être senti tellement exposé. Cette distance retrouvée était peut-être une tentative de préserver sa dignité, de ne pas laisser ses faiblesses transparaître plus longtemps.

Je n'ai pas tout de suite réalisé le montant que j'avais gagné ce soir-là. J'étais complètement groggy, submergée par un mélange d'épuisement, de faim et l'envie de m'éloigner de ce club, de ces gens. Les employés me regardaient bizarrement comme si j'avais fait quelque chose de mal, je craignais presque d'être renvoyée à cet instant.

Recevoir l'argent gagné ce soir-là, une somme impressionnante de 14000 dollars, aurait dû susciter en moi un sentiment de victoire, une fierté. Pourtant, je n'ai pas éprouvé la joie habituelle. J'ai simplement fourré les billets dans mon sac, sans prendre le temps de les compter.

Je me sentais à la fois épuisée et bouleversée. L'argent que j'avais gagné ne pouvait pas effacer le poids de l'émotion que j'avais ressentie. J'étais confrontée à la complexité de ce métier, à la frontière floue entre l'intimité émotionnelle et la transaction financière.

Cette nuit-là j'ai réalisé que ce travail n'était pas seulement une question de danses et de billets. Il exigeait une force mentale pour gérer les émotions des autres tout en préservant les siennes. J'avais l'habitude de garder un masque sur scène, mais ce client m'avait rappelé que, derrière ce masque, il y avait une personne avec ses émotions et sa vulnérabilité. Et parfois ces émotions pouvaient être plus lourdes que tout l'argent que l'on pouvait gagner.

Ce samedi soir de Pentecôte fut épuisant, une véritable épreuve physique. J'ai enchaîné les danses avec des clients, montant et descendant les escaliers sans cesse, pour des sommes allant de 100 à 200 dollars. La soirée semblait interminable, mais je savais que cela représentait une belle cagnotte à la fin.

Enfin, vers 1 heure du matin, j'atteins mon objectif financier pour la soirée. Un soulagement m'envahit à l'idée de pouvoir enfin rentrer chez moi.

Lorsque j'entends mon prénom résonner dans le haut-parleur, j'ai comme un mauvais pressentiment : « Laly dans le bureau du manager. »

L'angoisse monte en moi. J'essaie de me remémorer la soirée rapidement, mais rien de particulier ne me vient à l'esprit. Pas de plaintes de clients, pas de conflits avec d'autres danseuses, juste un samedi soir ordinaire. Alors pourquoi cette convocation ?

Je me rhabille en vitesse, prévoyant d'avoir du cash avec moi, consciente de l'issue probable de cet entretien.

Après avoir fait signer le papier à la Mom, je me dirige vers le bureau du manager, les battements de mon cœur s'accélérant à chaque pas.

# – 11 –

## Racket

En approchant du bureau, je ressens une sueur froide couler le long de ma colonne vertébrale. J'arrive enfin devant la porte, la poignée est glaciale sous ma main tremblante.

Je prends une profonde inspiration et frappe doucement.

Pas de réponse.

Je distingue des voix à l'intérieur, il y a au moins deux personnes.

Je me décide à entrer en adoptant un air innocent.

Les deux personnes présentes, George, le manager principal, et l'agent de sécurité font mine de m'ignorer, poursuivant leur discussion comme si ma présence était insignifiante. J'ai toujours feint une maîtrise limitée de l'anglais, préférant jouer l'idiote pour que les gens pensent que je ne comprends pas ce qui se dit.

Cette stratégie me permet de me sortir de situations compliquées en prétendant n'avoir pas saisi les instructions qui m'ont été données.

Je trouve un fauteuil près de la porte et m'y assieds, attendant patiemment mon tour.

Le manager ne s'intéresse pas tout de suite à moi, il compte des billets de banque qu'il place ensuite dans un coffre-fort, tout en se servant une part de pizza qu'il engouffre presque entièrement en se léchant les doigts.

Personne n'a dû lui dire que l'argent, c'est sale. Il y a des milliers de bactéries qui prolifèrent sur ces morceaux de papier.

Saviez-vous que le virus de la grippe peut survivre jusqu'à deux semaines sur un billet de banque ?!

J'imagine à ce moment-là les différentes maladies qu'il pourrait avoir attrapées, et m'enduis les mains de gel hydroalcoolique.

Le silence me laisse dans un état d'inconfort et d'inquiétude croissant. J'observe ses mouvements, cherche des indices ou des signes de ce qui se trame.

Les minutes s'étirent, paraissent interminables, et l'incertitude commence à me ronger de l'intérieur. Je me demande s'il a l'intention de m'adresser la parole ou s'il essaie simplement de me mettre mal à l'aise.

Puis, après une profonde inspiration, George rompt le silence :

– Tu as fait une belle soirée Laly, mais il semblerait que tu aies oublié de déclarer certaines de tes danses.

Je sens mon estomac se nouer.

– Je ne comprends pas, dis-je, tentant de rester calme.

– Ne joue pas l'innocente, rétorque-t-il, se levant lentement de son fauteuil. J'ai des yeux partout, et ce soir ils ont bien travaillé.

– Je sais que tu mens, murmuré-je, essayant de ne pas laisser ma voix trembler. Je n'ai pas oublié de payer ma commission après chaque danse.

– Ça ne change rien, Laly. Les règles, ici, c'est moi qui les fixe, dit-il en s'approchant de moi, un sourire froid sur les lèvres. Et les règles disent que tu me dois 500 dollars.

– 500 dollars pour quoi ? Pour une infraction que tu viens d'inventer ? réponds-je, tandis que la colère monte en moi.

– Appelle ça comme tu veux, dit-il en haussant les épaules. Mais tu as le choix. Tu paies, ou tu as des ennuis.

Je sais qu'il n'y a aucun moyen de sortir indemne de cette confrontation. Il me faut payer ma part, littéralement.

Je sors les billets de mon sac, les posant sur son bureau.

– Voilà.

Il compte l'argent rapidement, puis hoche la tête.

– Bien, tu peux y aller.

Je m'apprête à sortir quand il ajoute :

– Tu sais, la Française, ça a toujours été comme ça dans les clubs de strip. Les managers ont toujours eu leur part du gâteau. C'est un peu notre petite tradition.

Je me retourne une dernière fois, le regard brûlant de colère.

– Il y a des traditions qui devraient disparaître.

Il hausse les épaules, un sourire narquois aux lèvres.

– Bienvenue dans notre réalité.

En quitttant le bureau, mes pensées s'entrechoquent, je cherche des solutions, des moyens de me défendre. Je suis confrontée à un homme qui abuse de son pouvoir, et j'ai cédé, je ressens une profonde trahison envers moi-même, envers mes principes.

Sans réfléchir, je sors mon téléphone et rédige un texto à Adam, lui détaillant l'extorsion dont je viens d'être victime.

Quelques instants après avoir appuyé sur la touche « envoyer », une réponse s'affiche à l'écran

*« Viens dans mon bureau, tout de suite. »*

Je regrette presque immédiatement ma décision.

Il risque d'interpréter mon message comme une opportunité et cela risque d'aggraver son comportement déjà inapproprié.

Un sentiment d'oppression et de malaise grandit en moi, il est trop tard pour reculer.

Je me dirige d'un pas lourd vers son bureau.

# – 12 –

## Le choix

Lorsque j'arrive à hauteur du bureau, je remarque que la porte est entrouverte. Je discerne la voix grave et autoritaire du patron, il est au téléphone, en pleine conversation avec George. Curieuse, j'essaie d'écouter discrètement, mais les mots sont étouffés, inaudibles.

Ne voulant pas prolonger l'attente, je frappe doucement pour signaler ma présence.

J'entre dans la pièce, Adam est penché sur son bureau, un téléphone à la main, il arbore un sourire en coin qui me met mal à l'aise.

– Ah, Laly, commence-t-il, en raccrochant. Viens, assieds-toi. J'ai entendu parler de ton petit problème avec George.

Je sens mon estomac se nouer.

– Oui, il m'a accusée de ne pas avoir déclaré certaines danses, dis-je en tentant de rester calme.

Adam sourit, s'approchant de moi.

– George est… comment dire. Un peu zélé dans son travail. Mais ici, chacun doit veiller à ses propres intérêts, n'est-ce pas ?

Je reste silencieuse, attendant la suite.

Adam continue, son ton devenant plus suave.

– Écoute, je pourrais peut-être t'aider. Éviter que ce genre de désagrément ne se reproduise.

– Comment ? demandé-je, méfiante.

– J'organise une fête chez moi, ce week-end, avec des invités très spéciaux. Acteurs, chanteurs, sportifs… la crème de la crème. Je veux que tu sois là, avec ton titre de Penthouse Pet[4], ta présence attirera beaucoup d'attention, explique-t-il.

Je sens le piège se refermer.

– Et qu'est-ce que tu attends de moi exactement ?

– Rien de bien compliqué, dit-il, son sourire s'élargissant avec une arrogance évidente. Je veux que tu sois présente à ma fête, que tu socialises, peut-être que tu fasses quelques danses. On va faire un grand barbecue autour de la piscine, avec des cocktails à volonté. Et… prévois un maillot de bain, ou pas ! Je sais que vous autres Françaises, vous n'êtes pas très pudiques. Toujours à vous mettre topless sur les plages, hein ? J'ai vu ça un jour dans un documentaire sur la Côte d'Azur. C'est culturel chez vous, non ? Je veux que tu te sentes comme chez toi.

La remarque me fait bouillir intérieurement.

– Je vois, dis-je froidement. Et si je refuse ?

Il hausse les épaules.

– Tu pourrais, mais ce serait dommage de perdre ma protection. Surtout après ce qui s'est passé ce soir avec George. Il pourrait y avoir… d'autres incidents.

Je serre les poings sous la table, essayant de maîtriser l'envie de répliquer violemment. Ma respiration se fait plus

4. Dans le sens emblème, mascotte du club.

courte. Comment peut-on être aussi arrogant ? Il se croit tout permis, me traite comme une marchandise dont il peut user à sa guise.

Son discours manipulateur suinte le mépris. Il savoure chaque mot, sachant qu'il me met dans une position inconfortable. Il joue de son pouvoir, de sa position de force, et ça le grise. Il aime se sentir supérieur, il aime rappeler que, dans son monde, c'est lui qui décide.

Ce qui me révolte le plus, c'est cette manière qu'il a de banaliser son comportement, de le rendre acceptable sous couvert de la « tradition » et de la « culture » des clubs de strip-tease. Comme si cela justifiait tout, comme si cela lui donnait le droit de me traiter de cette manière.

Je me force à sourire, un sourire froid et contrôlé.

– Je vais y réfléchir, Adam.

Les mots sortent de ma bouche, mais chaque fibre de mon être se révolte contre cette tentative de soumission forcée.

Adam se redresse, visiblement satisfait.

– Parfait, prends ton temps, mais n'oublie pas que ma protection n'est pas gratuite.

Alors que je descends les escaliers du club, je réfléchis à la manière dont je peux me sortir de cette situation sans m'exposer davantage. Je vais devoir trouver une excuse crédible pour ne pas participer à sa petite sauterie. Je suis épuisée de devoir constamment trouver des prétextes pour échapper à ses avances incessantes.

Peut-être est-il temps de prendre une décision radicale.

Je me demande jusqu'où peut aller sa patience…

Je m'arrête un instant dans les vestiaires pour récupérer mon sac, l'envie de vider mon casier est plus forte que jamais.

Je me regarde dans le miroir, et ce que je vois me rappelle la force que j'ai en moi, tout autant que la fragilité de ma position. Je refuse d'être une victime, mais les options semblent limitées.

L'univers du strip-tease est impitoyable, tu es une danseuse parmi tant d'autres, et même si tu rapportes beaucoup d'argent au club, il y aura toujours une fille pour te remplacer. Personne n'est indispensable.

Les managers comme George, et les patrons comme Adam exploitent cette dynamique pour maintenir leur emprise. Le manque de réglementation et de protections légales dans cette industrie facilite ces pratiques abusives.

La stigmatisation entourant le métier de strip-teaseuse rend également plus difficile la dénonciation des abus, de peur de représailles ou de préjudice professionnel.

Il est facile pour les gens de l'extérieur de juger et de réduire notre travail à des clichés, mais la réalité est bien plus complexe. Chaque danseuse a son histoire, ses raisons d'être ici. Certaines sont des étudiantes qui paient leurs études, d'autres des mères qui subviennent aux besoins de leur famille, et certaines, comme moi, sont là par amour du spectacle, cherchant simplement à trouver leur place et à s'affirmer dans un monde qui tente constamment de les réduire à leur apparence.

C'est donc à moi de décider si j'ai envie de rester et de subir tout en gagnant beaucoup d'argent, ou bien de démissionner et me libérer de cette emprise toxique une bonne fois pour toutes.

Finalement, c'est ma patience que j'interroge, et non celle d'Adam…

Je claque la porte de mon casier et me hâte vers la sortie.

Remplir mes poumons d'air frais non climatisé me fait

un bien fou. Je ressens un mélange de soulagement et de tristesse. La liberté que je recherche en tant que danseuse a un prix élevé. Le monde du strip-tease est complexe, les frontières entre réalité et fiction sont floues.

Comme souvent après une soirée épuisante, je suis envahie de questions existentielles. Suis-je en train de sacrifier ma véritable identité et mes aspirations personnelles pour satisfaire les attentes des autres ? Dois-je faire le choix de la raison ou du cœur ? Cette liberté tant recherchée est bien relative.

Le voiturier me ramène à la réalité en me tendant mes clés de voiture et, comme un serpent qui change de peau, je mue et redeviens une civile, abandonnant mon costume de danseuse.

La liberté que je poursuis n'est pas une illusion, mais elle s'accompagne de chaînes invisibles, de compromis silencieux. Ce sont ces moments où je choisis de sourire quand je voudrais crier, de séduire quand je voudrais repousser. Ce sont les concessions que je fais pour naviguer dans ce monde où les règles sont dictées par d'autres. Mais ces compromis ne définissent pas mon essence. Ce sont des stratégies pour perdurer dans cette industrie.

Cette liberté, bien que complexe et souvent douloureuse, est ce qui me permet de continuer à avancer, de tracer ma propre voie dans un monde qui cherche constamment à me définir.

# – 13 –

## Bas les masques

Lorsque j'ai entamé ma carrière de strip-teaseuse, j'ai décidé de conserver mon prénom, convaincue que cela me permettrait de maintenir un lien fort avec ma véritable identité, et de ne pas me perdre dans un personnage fictif.

Cependant, au fil du temps, j'ai compris que l'industrie exigeait souvent de revêtir un masque, de se glisser dans des rôles prédéfinis pour satisfaire les fantasmes des clients.

Sur scène, je me transforme en archétype, un alter ego séduisant, voire provocateur. C'est une version amplifiée de moi-même, créée pour divertir et attirer l'attention, mais qui ne reflète pas nécessairement la personne que je suis intimement.

Ce masque commence à entamer lentement mon moi profond. Parfois, j'ai peur de m'y perdre complètement, de devenir prisonnière de cette façade artificielle. C'est pourquoi je fais régulièrement de longues pauses.

J'appelle cela mon « processus de démasquage ». Durant ces périodes, je laisse tomber toutes mes identités fictives pour me recentrer sur moi-même. Je redéfinis mes limites et reprends possession de mes émotions et de mes sentiments, souvent dissimulés derrière un sourire enjoué et une attitude séduisante.

Depuis mes débuts en tant que strip-teaseuse, j'ai vu défiler de nombreuses danseuses, chacune avec un parcours unique. Malheureusement, une majorité d'entre elles ont succombé aux pièges de cette industrie, se laissant entraîner dans un mode de vie décadent, devenant dépendantes à l'alcool et aux drogues et se retrouvant impliquées dans des relations malsaines.

Harmony était l'une d'entre elles, à peine âgée de 25 ans lorsque je l'ai rencontrée au club. Elle y travaillait depuis l'âge de 18 ans, une carrière longue pour une danseuse. Au début, je me souviens d'une jeune fille douée en pole dance, au rire communicatif. Elle semblait heureuse, du moins en surface, malgré un lourd passé.

Au fil des mois, j'ai été témoin de sa descente aux enfers. Elle est devenue alcoolique, passant ses nuits à mendier des shots aux clients, oubliant complètement son objectif initial de gagner de l'argent. Son passage au club n'était plus pour subvenir à ses besoins financiers, mais simplement pour s'adonner à la boisson. Elle finissait ivre morte dans les loges.

Je voulais l'aider à sortir de cette spirale destructrice, elle est devenue une sorte de « mission » pour moi. Harmony m'a confié son histoire, une enfance tourmentée, ballottée de foyer en foyer, victime de violences et d'abus horribles. Elle n'avait jamais déposé plainte, personne ne l'avait écoutée ni crue. Pour oublier, elle avait choisi de danser, boire et se droguer.

En tant qu'ancienne policière, je me suis sentie impuissante face à des blessures aussi profondes.

Cependant, assise à un comptoir de bar, vêtue d'un deux-pièces à strass, je me suis retenue de lui révéler mon passé et mon expérience. J'ai tenté de lui tendre la main, lui offrant un soutien émotionnel et des solutions pour sortir de cette situation, mais elle était piégée dans un cycle d'autodestruction difficile à briser.

Un jour, Harmony a disparu sans laisser de traces. Personne n'a remarqué son absence, pas même le barman qui lui servait des verres toute la nuit. Elle a été remplacée par une autre fille, en prise avec les mêmes problèmes, perpétuant ce schéma destructeur.

Je reste là, spectatrice impuissante, et cette position a des répercussions psychologiques sur moi. J'ai sincèrement tenté de conseiller et de raisonner les autres filles, mais je suis perçue comme la fille parfaite avec sa belle maison, sa belle voiture, sans soucis financiers et menant une existence saine.

Leur perception de moi m'éloigne d'elles, créant un fossé difficile à franchir. Chaque fois que j'essaie de me rapprocher, elles se méfient, persuadées que je ne peux pas saisir leur réalité.

Peut-être est-ce ma manière de me présenter, cette assurance qui cache mes propres failles, qui les pousse à croire que je suis invulnérable ? Si mes cicatrices sont moins visibles, elles n'en sont pas moins réelles.

Ce club regorge de personnalités diverses, chacune avec son lot de vécu et son caractère.

Bunny est une figure atypique, surnommée affectueusement « la Doyenne » par les habitués du club. On raconte qu'elle a été l'une des premières danseuses à rejoindre cet établissement. Son âge réel demeure un mystère qu'elle garde secret par peur des railleries, m'a-t-elle confié un jour.

J'apprécie les conversations que j'ai avec Bunny, qui partage volontiers son expérience. Elle a été témoin de l'évolution du club au fil des années, fidèlement assise à la même place au bar, du lundi au jeudi. Elle laisse les jeunes prendre le relais le week-end, aime-t-elle plaisanter.

Il m'arrive souvent de me demander comment elle a fait pour tenir toutes ces années, n'ayant connu que ce métier, et ne pouvant se résoudre à le quitter.

Pour elle, ce club est bien plus qu'un simple lieu de travail, c'est un peu sa famille.

Bunny est toujours la première à arriver, comme si elle avait une horloge interne réglée sur l'ouverture du club. Elle apporte son propre verre, un verre en cristal un peu ébréché qu'elle traite comme une relique sacrée. Après chaque gorgée, elle l'essuie méticuleusement avec une serviette en papier. « Pas de traces, pas de preuves », me glisse-t-elle souvent avec un clin d'œil conspirateur.

Elle est convaincue que l'Amérique est en déclin, une conviction qu'elle ne manque jamais d'exprimer ouvertement. « On court à la catastrophe ma belle », dit-elle en secouant la tête d'un air grave. Pour se préparer à ce qu'elle appelle « l'apocalypse imminente », Bunny a construit un bunker secret dans un coin reculé du désert. « Mon petit coin de paradis », plaisante-t-elle, bien que je doute qu'elle plaisante vraiment. Récemment, elle s'est lancée dans la culture de légumes, elle vante ses carottes et ses radis avec une fierté presque maternelle. « Quand tout s'effondrera, moi, je serai prête », affirme-t-elle avec un sourire satisfait.

Bunny est ce que l'on pourrait appeler une conspirationniste. La crise du Covid-19 et la guerre en Ukraine n'ont fait qu'alimenter ses théories. « Tout ça, c'est orchestré par les grands de ce monde, me dit-elle en jetant un regard méfiant autour du bar. Ils veulent nous contrôler, mais moi, je ne me laisserai pas faire. »

Malgré ses croyances extravagantes, Bunny possède une qualité rare : elle sait rester à l'écart des drames et des querelles qui éclatent souvent entre les danseuses. « Les disputes, très peu pour moi, dit-elle en haussant les épaules. Je préfère mon bunker et mes légumes. » Elle ne se mêle à aucune conversation, sauf avec moi. Spectatrice silencieuse, elle observe tout sans jamais intervenir.

Bunny m'a souvent retenue de m'interposer dans des situations délicates. « Ça ne te concerne pas, ma belle, me disait-elle avec un sourire sage, tout en nettoyant soigneusement son verre de cristal. Tu as bien mieux à faire que de t'embarquer dans ces querelles. » Elle a ce don de repérer les conflits avant qu'ils prennent de l'ampleur. « Regarde-les se battre comme des lionnes affamées. Toi, reste au-dessus de tout ça. »

Ses mots résonnent en moi, même si je ne sais pas toujours les suivre. Bunny, avec son expérience et sa sagesse, semble avoir une compréhension instinctive des dynamiques du club. « Concentre-toi sur toi-même. Ce club est un océan de requins. Ne t'épuise pas à vouloir sauver tout le monde. »

Il y a eu cette fois où une nouvelle danseuse a été accusée de voler les pourboires des autres. J'étais prête à défendre la nouvelle venue. Mais Bunny m'a attrapée par le bras fermement : « Pas de ça, Laly, a-t-elle chuchoté.

Les autres filles pourraient te voir comme une menace, tu ne veux pas qu'elles se retournent contre toi. »

J'ai toujours eu du mal à rester passive face aux situations injustes.

Ses conseils, souvent livrés avec une pointe de sarcasme, sont toujours empreints de vérité.

« Ici, c'est chacune pour soi et celles qui survivent sont celles qui savent choisir leurs batailles. »

Après quatre ans à nous observer mutuellement, Bunny aborde avec moi tous les sujets, sauf un : son âge ! Je pensais qu'elle aurait d'innombrables anecdotes à raconter, vu son ancienneté dans cet établissement. À ma grande déception, elle ne semble pas avoir grand-chose de croustillant à partager.

En comparaison, dans le même temps, j'ai vécu bien plus d'événements palpitants dans cet univers qu'elle n'en a connu en quarante ans !

Cela me laisse perplexe. Peut-être a-t-elle mis volontairement de côté les aspects les plus sombres et les histoires les plus dramatiques pour se préserver ? Ou peut-être a-t-elle vécu une existence tranquille, se tenant à l'écart des tumultes qui animent habituellement un club de strip-tease ?

Malgré tout, notre complicité se développe rapidement au fil de mes anecdotes et de mes récits les plus farfelus concernant certains clients du club. Dans ces moments-là, nous nous sentons vraiment complices.

En fréquentant Bunny et les autres danseuses du club, je suis frappée par la diversité de ce métier et les différentes approches qu'elles adoptent, en fonction de leur personnalité et de leurs préférences. Certaines gardent leurs histoires pour elles, préservant une part de mystère, tandis que d'autres, comme moi, préfèrent raconter des anecdotes et échanger des fous rires à propos des clients.

Une manière d'alléger une charge émotionnelle parfois trop lourde.

Nous partageons une compréhension tacite de ce que signifie être une femme dans ce milieu, chacune à sa manière, en cherchant à préserver notre intégrité.

# – 14 –

# Éclats de féminisme

Durant toutes ces années à travailler dans différents clubs de strip-tease à travers les États-Unis, je n'ai jamais rencontré la même situation deux fois. Chaque soir, chaque client amène sa propre histoire, ses fantasmes et ses désirs, souvent cachés sous le voile de la société ou dans les recoins les plus profonds de son être.

Alors que je pensais avoir tout vu, entendu et ressenti, la vie m'étonne encore.

Une nuit, je peux danser pour un homme d'affaires prospère, dont les responsabilités et les contraintes se dissipent au rythme de la musique, libérant sa part la plus sauvage et insouciante. Il y trouve la permission de déposer son fardeau pour un moment, de se reconnecter avec la part la plus instinctive de lui-même.

Le lendemain, je peux rencontrer un professeur d'histoire à la retraite venu partager des histoires fascinantes sur les danses sacrées de l'Antiquité, les performances théâtrales médiévales et les cabarets excentriques du début du XX$^{e}$ siècle.

Et puis, il y a ceux dont les yeux trahissent une profonde solitude et qui cherchent dans mon regard une évasion momentanée, une connexion fugace avec un être humain qui les comprend, même sans mots.

Certains moments deviennent magiques, le monde extérieur s'efface et ne reste plus que l'énergie électrisante entre moi et le public. D'autres exacerbent la vulnérabilité, lorsque je ressens le poids de leurs attentes, de leurs espoirs et de leurs désillusions.

Beaucoup de larmes ont été versées dans l'ombre de ces clubs, des rires ont éclaté sous des lumières tamisées. Le strip-tease peut agir comme un miroir de nos émotions et de nos désirs les plus profonds. Je suis devenue à la fois une confidente silencieuse et une artiste passionnée.

Tout ceci trace une ligne fine entre le fantasme et la réalité, entre la projection et la personne que je suis. Je suis consciente de l'image complexe qui est la mienne, une image à la fois façonnée par les normes sociales et la perception individuelle.

On attend de nous, danseuses, que nous respections des normes contradictoires : être attirantes, mais non menaçantes, séduisantes, mais non séductrices. On nous demande d'être visibles tout en étant invisibles, d'attirer les regards sans provoquer de désirs jugés inappropriés.

Nous devons être belles, mais ne pas trop nous démarquer, au risque de susciter l'envie ou la haine. Nous devons être accueillantes, mais sans paraître trop accessibles.

La société nous impose également une morale contradictoire : nous devons être fières de notre apparence et de notre métier, mais en même temps nous devons nous excuser d'exister dans un monde qui juge notre profession comme étant en marge de la respectabilité.

Les clients veulent nous posséder en tant que fantasmes, mais ils nous rejettent en tant que personnes. Ils apprécient notre compagnie dans le cadre d'un club, mais hésitent à nous reconnaître en dehors de cet environnement. Cette dissonance contribue à la complexité de notre position et à l'intensité des émotions que nous suscitons, tant positives que négatives.

En somme, nous devons naviguer dans un espace où chaque interaction est un équilibre précaire entre attirer et repousser, séduire et maintenir une distance. C'est une danse constante sur le fil du rasoir, et c'est épuisant.

C'est dans cet espace que naît une forme subtile de militantisme féministe. Ma présence nue sur scène devient ainsi une manière de défier en douceur les conventions et les idées préconçues concernant la sexualité féminine.

Ce que je revendique, c'est le droit d'embrasser pleinement mon propre corps, de le présenter sans la moindre once de honte ni de jugement, et de danser avec une confiance épanouissante.

Mon but n'est pas de lutter ni de convaincre, mais plutôt de m'inscrire dans une lignée de femmes fortes et indépendantes qui ont utilisé l'art et l'expression corporelle pour remodeler leur place dans le monde.

Je suis fière d'occuper ce rôle et de contribuer à ouvrir de nouvelles perspectives sur la manière dont la féminité peut être vécue et exprimée.

J'ai toujours été en première ligne pour affronter les jugements et les regards d'autrui. En tant que femme policière, j'ai souvent ressenti la pression de devoir prouver non seulement ma compétence, mais aussi que je pouvais être aussi performante qu'un homme.

Les commentaires et les remarques désobligeantes de certains collègues étaient monnaie courante. Je devais ignorer les stéréotypes liés à mon sexe et dépasser les préjugés concernant mon apparence physique. Cela faisait partie de mon quotidien.

La décision de participer à une émission de télé-réalité a été une étape supplémentaire. Les jugements et les critiques ont atteint leur apogée.

Cette exposition intense fut un acte de mise à nu émotionnelle et sociale, un peu comme si je m'exposais en vitrine pour être scrutée sous tous les angles.

Cet exercice s'est révélé être l'un des plus complexes que j'ai eu à affronter. Je me suis découvert une force intérieure et une capacité à résister aux critiques tout en continuant à avancer avec confiance.

Pourquoi m'arrêter en si bon chemin ? Mon choix, empreint d'une ironie délicieuse, n'était pas seulement de vivre, mais aussi de construire un récit, une histoire qui bouscule les conventions. Je voulais donner du relief à mon parcours, secouer les schémas établis et explorer des territoires inattendus. Et bien sûr, cerise sur le gâteau, j'ai décidé d'explorer l'univers scintillant de l'industrie du divertissement pour adultes en endossant le rôle de star du X. Une décision qui, comme on pouvait s'y attendre, a ouvert grand les vannes aux critiques et aux préjugés.

Je me suis lancée dans une sorte d'autoflagellation délibérée, comme si je cherchais à repousser les limites de ma propre audace.

Et puis, comme si chaque étape n'était qu'une préparation à la suivante, je me suis tournée vers le monde séduisant du strip-tease. C'était un prolongement naturel de ma quête incessante de transgression, pour explorer chaque facette de ma personnalité.

À travers chaque étape de mon parcours, je défie l'idée selon laquelle une femme devrait être limitée par les rôles qui lui sont assignés. Même dans des milieux qui semblent féminins, comme le strip-tease, les attentes et les jugements sont souvent définis par le regard masculin. Ma détermination à être maître de mon image reflète mon envie de liberté et d'autodétermination.

Malgré les regards méfiants et les murmures désapprobateurs, j'ai trouvé une confiance nouvelle en moi. Les sourires narquois ne me font plus vaciller. J'ai appris que ma valeur ne dépend pas de l'approbation d'autrui.

Dévoiler mon corps devant des inconnus n'est plus une source d'embarras. Mon métier n'est plus une source de honte, je ne me défends plus contre les critiques acerbes.

En fin de compte, ce métier m'a offert un voyage de croissance personnelle et d'exploration profonde. J'ai appris à transcender les limites que je m'étais imposées, et à valoriser chaque expérience, qu'elle soit douce ou difficile.

Mon parcours, loin des conventions, révèle que la paix intérieure se trouve dans l'acceptation de soi.

Se soucier constamment de ce que les autres pensent, c'est se priver de sa propre liberté. Et pour moi, c'est inconcevable.

# – 15 –

## Entretien avec un vampire

Le client vampire arriva un soir d'hiver, semblant tout droit sorti d'un autre temps. Il portait des vêtements d'époque : un long manteau noir qui lui tombait aux chevilles, une chemise en dentelle et un gilet à la coupe victorienne. Sa peau était d'une pâleur presque surnaturelle, contrastant avec ses lèvres rouge vif. Sa silhouette svelte donnait l'impression qu'il flottait plus qu'il ne marchait.

Il entra entouré de l'air glacé de l'extérieur, ajoutant une aura de mystère. Le club, habituellement réchauffé par les lumières tamisées et les corps en mouvement, semblait retenir son souffle. Il portait un petit coffre en bois qu'il serrait fort contre sa poitrine, comme un trésor précieux.

D'une démarche à la fois gracieuse et feutrée, il avança et se glissa sur la chaise à côté de la mienne. L'odeur de son parfum, un mélange de cèdre et de quelque chose de plus ancien, emplissait l'air.

– Désirez-vous partager un moment de conversation avec moi, ce soir ? demanda-t-il d'une voix veloutée, presque hypnotique.

Surprise mais intriguée par sa courtoisie, j'acquiesçai, lui accordant toute mon attention.

– Permettez-moi de vous remercier pour votre hospitalité, mon apparence peut sembler extravagante, mais mes intentions sont celles d'un gentleman.

Je percevais le gloussement des filles qui captaient notre conversation.

– Je suis conscient que cela peut paraître étrange, voire fantastique, mais j'ai vécu à travers les siècles.

– Vous êtes un vampire ? lui demandai-je, partagée entre l'incrédulité et l'émerveillement devant ce personnage.

– Disons que l'affinité pour l'obscurité et la quête éternelle de vitalité et de passion font partie de ma nature profonde.

Je le trouvais captivant. Je voulais en savoir davantage.

– Intriguant, dis-je en souriant légèrement, jouant moi aussi le jeu. Vous avez réussi à créer une aura fascinante et mystérieuse autour de vous. Mais je devine qu'il y a plus derrière cette apparence, n'est-ce pas ?

Il baissa les yeux un instant.

– Vous avez raison. Mon apparence et mon récit sont des masques que j'enfile pour échapper à ma réalité, ne serait-ce qu'une soirée. C'est un moyen de m'évader. On me dit souvent que je suis trop sérieux, que je manque d'audace. Alors j'ai créé ce personnage pour me sentir plus vivant, pour me donner l'impression que je suis différent.

– Vous avez une âme poétique, lui dis-je avec un sourire. Vous voulez ressentir chaque émotion avec une intensité presque vampirique. Vous vous nourrissez de la passion qui émane de ce lieu, même si ce n'est qu'un jeu.

– Vous m'avez démasqué, dit-il surpris et amusé par mon discernement.

Ce masque de vampire cachait bien des choses, des aspects de lui refoulés, des désirs inassouvis.

Il ne semblait pas en quête de sang frais, mais de nourriture émotionnelle, d'attention et de compréhension, afin de se sentir vivant. Il cherchait à briser sa solitude.

Alors que la soirée avançait et que notre conversation se faisait de plus en plus intime, je sentais que ce client prétendument vampire avait une requête particulière à formuler. Son regard fuyait par moments, et je savais qu'il était venu pour partager une danse privée, mais il se retenait de le demander directement.

– Qu'est-ce que vous voulez exactement ? lui demandai-je.

Je le vis soudainement prendre sa respiration, cherchant le courage de s'exprimer.

– Écoutez, je... J'apprécie vraiment notre connexion, ce soir. Je me demande si vous seriez d'accord pour partager... une danse privée, avec moi ?

Son embarras était palpable, et j'étais touchée par sa vulnérabilité. Je sentais qu'il n'était pas habitué à solliciter ce genre de faveur et que cette demande le mettait mal à l'aise.

– J'en serais ravie, répondis-je doucement.

Je posai délicatement ma main sur la sienne, lui offrant un geste réconfortant.

– Ne vous inquiétez pas, chacun cherche quelque chose de différent dans ce genre d'expérience. Je suis ici pour vous accompagner, pour vous offrir un moment où vous pouvez être qui vous voulez, sans jugement ni critique.

Dracula se leva avec un mélange d'excitation et d'appréhension dans le regard. Il serrait son coffre en bois contre sa poitrine comme s'il contenait un trésor précieux.

Je me levai à mon tour, prête à lui offrir cette expérience bien au-delà des apparences superficielles. Dans cette danse, je voulais créer un espace où il pouvait exprimer ses émotions, ses désirs, et la part de lui qu'il cachait derrière son masque.

Il s'installa dans le fauteuil avec une certaine réserve. La musique sensuelle emplissait la pièce de ses vibrations envoûtantes.

– Vous êtes vraiment d'une beauté irrésistible, murmura-t-il d'une voix à la fois séduisante et empreinte d'un mystère feint.

Je lui adressai un sourire taquin tout en continuant ma danse suggestive.

– Oh, vous savez comment flatter une femme… Mais dites-moi, que ressent un vampire en assistant à un strip-tease ?

Il joua le jeu.

– Eh bien, nous sommes habitués à la beauté immortelle, mais une telle grâce humaine reste toujours envoûtante, je dois l'admettre.

Je m'approchai de lui, accentuant la proximité entre nous.

– Et comment un vampire réagit-il face à une passion débordante, une émotion brûlante ?

– Vous savez, même les vampires, prétendus ou non, aspirent à des émotions intenses. L'immortalité nous prive de chaleur humaine, mais dans un moment comme celui-ci, je retrouve un semblant d'humanité. Vous me faites oublier les siècles qui nous séparent et me rappelez ce que c'est que d'être vivant.

– Vous voulez dire que même les créatures de la nuit aspirent à la chaleur de la passion et de l'amour ?

Je pensais que les vampires préféraient les nuits solitaires et silencieuses !

Je m'approchai de lui avec une certaine assurance, attirée par le jeu de séduction et de mystère qu'il incarnait si bien, et poursuivis.

– Vous savez, il y a quelque chose d'irrésistible dans ce côté mystérieux que vous semblez avoir. On pourrait presque y croire. Vous êtes un maître de l'illusion, mon cher vampire.

– Et vous ma chère, vous êtes bien plus qu'une danseuse érotique, vous êtes une sorcière qui lit dans les âmes.

Alors que je me déhanchais avec sensualité, je ne pouvais m'empêcher de me questionner sur cette situation improbable.

Je me sentais plongée dans un univers où réalité et fiction se confondaient avec une fluidité déroutante, comme le personnage d'un conte fantastique. J'étais partagée entre la fascination pour cette expérience, et le besoin de comprendre ce qui se cachait derrière chaque masque.

Je réalisai que la séduction peut se déployer de mille façons. Ce soir-là, avec ce prétendu vampire, quelque chose d'unique s'était créé. Sa manière de se tenir, le soin qu'il mettait à incarner ce personnage, tout cela révélait une profondeur de sentiment et un besoin désespéré de se connecter.

En dansant pour lui, je sentais son regard m'envelopper, non pas comme un objet de désir, mais comme un être cherchant refuge dans la compréhension. Sa pâleur éthérée contrastait avec la chaleur qui émanait de ses yeux, un mélange de mélancolie et d'espoir. Il ne cherchait pas seulement à échapper à sa réalité, il cherchait à se trouver dans un monde où il pouvait être lui-même, sans jugement.

Lorsque la musique s'arrêta, il me regarda avec une gratitude palpable.

– Merci, dit-il doucement, sa voix brisant le silence avec une sincérité déconcertante.

Je posai ma main sur la sienne, sentis ses doigts se réchauffer légèrement au contact des miens.

– Vous êtes venu ici ce soir pour trouver quelque chose, et je suis heureuse de vous avoir offert ce moment.

Il hocha la tête, les yeux brillant de larmes qu'il tentait de contenir.

– Vous m'avez offert bien plus que cela. Vous m'avez permis de vivre un moment de vérité dans un monde où les masques sont omniprésents.

Alors qu'il se levait pour partir, serrant toujours son petit coffre contre sa poitrine, je réalisai à quel point cette rencontre avait été importante pour nous deux.

Nous cherchons tous, à notre manière, une connexion authentique, une validation de notre existence au-delà des apparences.

Je restai un moment dans cette pièce silencieuse, réfléchissant à l'importance de ces instants partagés. Chaque interaction, chaque danse est une opportunité de toucher une vie, de créer une connexion, aussi brève soit-elle.

En cette nuit d'hiver, avec ce prétendu vampire, j'avais vu au-delà de l'illusion pour découvrir une vérité universelle : nous sommes tous vulnérables, tous désireux d'être vus et compris pour ce que nous sommes réellement. Cette rencontre m'avait rappelé que la véritable beauté réside dans notre capacité à embrasser notre humanité et à reconnaître la profondeur des autres.

C'est ainsi que se conclut cette étrange rencontre entre une strip-teaseuse et un vampire, une rencontre qui m'a transformée et m'a rappelé que la vraie magie de mon métier réside dans la capacité à offrir un espace de liberté, d'acceptation et de vérité à ceux qui osent s'y aventurer.

Il y a aussi des clients avec des désirs plus spécifiques, voire pervers, mais, même dans ces situations, je garde à l'esprit que je suis maîtresse de mes choix. Je peux décider d'aller jusqu'où je me sens à l'aise et en accord avec moi-même, sans jamais compromettre ma dignité ou mon intégrité.

Mon passé dans la police m'a inculqué un sens aigu de la sécurité. Je suis habituée à détecter les signes précurseurs du danger, à rester en alerte face à l'inattendu. Mon expérience m'a enseigné à me méfier des apparences et à écouter mon instinct avec attention, car ma sécurité est toujours ma priorité absolue.

Sauf peut-être ce soir-là…

# – 16 –

## Danse avec le diable

C'était une soirée de plus au club, un lundi soir. L'hiver avait enveloppé Las Vegas de son manteau glacial. La ville du péché ralentissait son rythme effréné et le Paradise se préparait à une soirée calme, loin du tumulte des nuits survoltées du week-end.

À l'intérieur, l'atmosphère était feutrée, la musique douce, et les danseuses se préparaient à offrir quelques danses privées à la poignée de clients présents ce soir-là.

Soudain, dans le coin le plus sombre du club, il apparut.

Un homme commun, vêtu d'une chemise classique et d'un pantalon sombre. Rien d'extraordinaire dans ses traits, son visage n'affichait aucune particularité marquante. Pourtant, lorsqu'il se dirigea vers le bar, un frisson parcourut ma colonne vertébrale.

Il y avait quelque chose dans sa démarche, une assurance froide et calculée qui laissait entrevoir une personnalité inquiétante.

Les autres danseuses semblaient ignorer sa présence, mais il m'était impossible de le quitter des yeux. Il paraissait porter un sombre secret, et je percevais du danger émaner de lui.

Il s'avança avec une lenteur délibérée, chaque pas amplifiait une tension presque suffocante. Malgré le bruit ambiant du club, un silence intérieur s'installa en moi, comme si le monde se rétrécissait par sa seule présence. Nos regards se croisèrent, et une vague de malaise me submergea.

– Puis-je vous offrir un verre? demanda-t-il, la voix douce, mais étrangement autoritaire.

Je hochai la tête, incapable de refuser. Il y avait quelque chose de magnétique chez cet homme, une force invisible qui semblait m'attirer inexorablement vers lui. Tandis qu'il commandait, j'observai chaque détail de son visage, cherchant à percer le mystère qui l'entourait.

La lumière du bar projetait des ombres sur ses traits, accentuant le contraste entre le charme et la menace qu'il incarnait.

Alors qu'il me tendait le verre, nos doigts se frôlèrent brièvement, et un courant électrique sembla traverser l'air.

– À la beauté des rencontres inattendues, dit-il en levant son verre, ses yeux fixés sur les miens avec une intensité presque hypnotique.

– À la beauté des rencontres, répétai-je, tentant de masquer mon malaise derrière un sourire.

– Vous savez, les rencontres inattendues sont souvent les plus mémorables.

– Je suis d'accord, répondis-je. Qu'est-ce qui vous amène ici ce soir?

– Une envie de changement, peut-être, répondit-il en haussant légèrement les épaules. Ou peut-être que je cherche quelque chose… ou quelqu'un.

– Avez-vous trouvé ce que vous cherchiez ? demandai-je en essayant de comprendre où il venait en venir.

Son regard s'intensifia.

– Pas encore, mais j'ai le sentiment que la soirée ne fait que commencer.

Il y avait quelque chose d'inquiétant dans sa voix, une promesse voilée de ce qui pourrait arriver.

– Dites-moi, poursuivit-il, croyez-vous aux âmes multiples ?

– Aux âmes multiples ? répétai-je, intriguée. Que voulez-vous dire ?

– Je parle de la capacité de certaines personnes à changer de personnalité, à devenir quelqu'un d'autre en un instant, expliqua-t-il, ses yeux brillant d'une lueur étrange.

– Cela semble… fascinant, répondis-je, même si une part de moi était mal à l'aise. Vous pensez que c'est possible ?

– Je sais que c'est possible, dit-il avec un sourire énigmatique. Parce que je le vis chaque jour.

– Vous voulez dire que vous avez… plusieurs personnalités ? demandai-je, essayant de comprendre.

– Exactement. Je suis plusieurs personnes à la fois, chacune avec ses propres pensées, ses propres désirs. Vous avez de la chance, ce soir, c'est l'une des plus agréables qui est présente.

– Et les autres ? Qui sont-elles ? demandai-je, sentant mon cœur s'accélérer.

Je dressai mentalement un inventaire des maladies psychologiques qu'il pouvait présenter…

D'une voix plus sombre, il compléta :

– Elles sont… différentes, certaines sont plus dangereuses que d'autres. Mais ne vous inquiétez pas, elles ne se manifestent que lorsque c'est nécessaire.

– Et comment savez-vous laquelle va apparaître ?

J'étais à la fois fascinée et effrayée.

– Je ne le sais jamais vraiment, admit-il. C'est comme un jeu de hasard. Parfois, je peux les contrôler, parfois elles prennent le dessus.

Il y avait une sincérité troublante dans ses mots, comme s'il parlait d'une réalité qu'il vivait intensément.

– Pourquoi me dites-vous tout cela? demandai-je, essayant de comprendre ses motivations.

– Parce que je veux que vous compreniez, répondit-il, son regard se faisant plus doux. Je veux que vous sachiez à qui vous avez affaire.

– Et à qui ai-je affaire maintenant?

Un sourire mystérieux s'imprima sur son visage.

– Vous êtes en face de celui qui aime jouer, mais rappelez-vous, chaque jeu à ses règles, et il y a toujours un risque.

– Je suis prête à le prendre, répondis-je, imaginant déjà la somme que j'allais lui demander pour participer à ce jeu.

– Alors, allons-y, dit-il en se levant, me tendant la main. Je vous promets une soirée mémorable.

C'était plutôt moi d'habitude qui disais ce genre de phrases avant d'emmener le client pour une danse privée, mais cette fois je décidai de jouer le jeu.

Je pris sa main, ressentant une étrange combinaison d'excitation et de peur. Nous nous dirigeâmes vers l'espace réservé aux danses privées, mes talons sur le sol carrelé produisaient un écho qui semblait amplifier mon anxiété. Je n'étais pas du tout à l'aise. Mon cœur battait la chamade, j'avais un mauvais pressentiment.

Son regard était fixé sur moi avec une intensité presque dévorante. Ses yeux, je me rappelle ses yeux… sombres et perçants, ils semblaient me scruter jusqu'à l'âme.

– Vous êtes prête? me demanda-t-il d'un ton énigmatique.

Je tentai de masquer mon angoisse derrière un sourire professionnel.

– Oui, prête, répondis-je en essayant de rationaliser la situation. Que pouvait-il bien m'arriver?

En finalisant la transaction avec Shawn, je sentis mon malaise grandir. Mes mains tremblaient légèrement en manipulant l'argent que je venais de recevoir, et j'espérais désespérément que Shawn percevrait mon inquiétude et resterait attentif à ma sécurité. Cependant, il était absorbé par son écran de téléphone, totalement inconscient de la situation tendue qui se déroulait sous ses yeux.

Nous nous dirigeâmes vers la *room* que le client avait choisie. Dès que nous en franchîmes le seuil, une vague de claustrophobie m'envahit. La pièce était plus exiguë que les autres, les murs rapprochés créaient une sensation de confinement. Dans un coin, une chaise à bascule se balançait lentement, son mouvement tout juste perceptible accentuait ce malaise que je ne pouvais expliquer. Je haïssais cet endroit. Il avait la réputation d'être hanté. Et je refusais systématiquement d'y aller… mais là, le client avait insisté.

– Pourquoi cette pièce? demandai-je, tentant de comprendre ce choix inhabituel.

– C'est celle que j'ai choisie, répondit-il avec un sourire carnassier. Elle est… spéciale.

Je pris une profonde inspiration et commençai à danser, essayant de me concentrer sur la musique.

– Vous savez, dit-il en me regardant avec une intensité qui me fit frissonner, chaque pièce à son histoire. Cette chaise, par exemple, a vu bien des choses. Des choses que vous ne pouvez même pas imaginer.

Je continuai à danser, mes mouvements devenaient de plus en plus saccadés à mesure que mon malaise grandissait.

– Et vous, quelle est votre histoire ? demandai-je, essayant de détourner la conversation de la chaise.

– Moi ? J'ai plusieurs histoires, répondit-il, son sourire s'élargissant. Laissez-moi vous en raconter une.

Il se pencha en avant, ses yeux brillaient d'une lueur presque fiévreuse.

– Il était une fois un homme qui aimait jouer. Il avait de nombreuses facettes, chacune plus intrigante que la précédente. Un jour, il rencontra une femme fascinante, une femme qu'il avait observée de nombreuses fois auparavant. Elle l'obsédait. Il ne pensait qu'à elle.

Son ton était devenu plus sombre, presque menaçant.

– Il commença par la séduire, avec des mots doux, puis des compliments. Puis il la troubla avec des révélations dérangeantes sur ses multiples personnalités.

Je me sentais de plus en plus mal à l'aise et mon cerveau me hurlait de partir.

– Et ensuite ? demandai-je, ma voix tremblant légèrement.

– Ensuite, continua-t-il, ses yeux se fixant sur moi avec une intensité glaciale, il la confronta à ses peurs les plus profondes.

Je déglutis avec difficulté, sentant la tension monter.

– Et comment fait-il cela ? dis-je dans un souffle.

Soudain, son expression changea. Ses traits se durcirent, et une lueur cruelle s'alluma dans ses yeux.

– Il commence par jouer avec sa proie, dit-il, sa voix devenant plus grave et menaçante. Il la teste, la pousse dans ses retranchements.

Je reculai d'un pas, mon cœur battant à tout rompre. Je venais de deviner un couteau dans sa poche arrière.

– Pourquoi… pourquoi feriez-vous cela ? murmurai-je terrifiée.

Il se leva lentement de la chaise à bascule.

– Parce que c'est amusant, dit-il avec un sourire sadique. Voir la peur dans vos yeux, sentir votre cœur battre plus fort… c'est un délice.

La peur monta en moi, un shot d'adrénaline, celui qui vous pousse à fuir ou vous paralyse.

– On arrête là.

Je reculai, il était gigantesque, je ne l'avais pas vu si grand et si massif.

Il m'attrapa le bras, si fort, que j'en poussai un cri. J'allais mourir, tuée à coups de couteau dans un strip-club de Las Vegas. Et personne ne viendrait m'aider. Surtout pas Shawn qui jouait probablement sur son téléphone à ce moment-là.

Ses mains devinrent plus intrusives, franchissant des barrières qui auraient dû rester inviolées. Je devais réagir, et entrer dans la tête de ce cerveau malade.

– *Game over*, mon garçon. Tu vas lâcher gentiment mon poignet sinon maman va se fâcher, et tu vas te rasseoir sur la chaise.

C'était sorti comme ça, avec le recul je me demande pourquoi j'ai dit un truc pareil, mais cela m'a probablement sauvé la vie.

Subitement, il changea à nouveau. Son visage se radoucit, ses yeux devinrent suppliants.

– Je suis désolé, murmura-t-il, presque en larmes. Je ne voulais pas… c'est plus fort que moi, je ne peux pas le contrôler, il prend le dessus et je ne peux rien y faire.

Je restais figée, déconcertée par cette transformation soudaine.

Tandis que je tentais de trouver les mots justes pour apaiser ce sentiment de malaise, il se leva avec maladresse du fauteuil. Il semblait avoir oublié la danse qui venait de se dérouler. Il baissa les yeux, comme un enfant pris en faute, et adopta une nouvelle posture, celle d'un être vulnérable en quête d'affection.

– Je… veux des câlins, articula-t-il d'une voix douce, presque implorante.

Devais-je jouer le jeu et offrir cette illusion réconfortante, ou bien fallait-il que je lui rappelle la réalité de notre situation ?

Déstabilisée par cette scène surréaliste, hésitant entre l'empathie et la prudence, je choisis de lui adresser un sourire bienveillant et de l'inviter à s'asseoir à nouveau. J'avais conscience que cet agneau pouvait se transformer en loup à n'importe quel moment.

La complexité de ses personnalités et la rapidité avec laquelle elles se succédaient m'avaient alertée sur les possibles dangers de la situation. Je devais être prudente dans mes actions, garder à l'esprit que les apparences pouvaient être trompeuses.

– Je veux… je veux de la glace, dit-il d'une voix enjouée.

Étais-je en train de rêver ? Non, c'était bien réel. Cet homme se comportait maintenant comme un enfant capricieux.

Sans trop savoir comment réagir, je quittai la pièce doucement et rejoignis Shawn pour lui demander de m'apporter une glace à la demande du client. Mon esprit était encore en ébullition et j'avais besoin de quelques instants pour me ressaisir.

Les écrans de surveillance montraient toujours l'homme, qui persistait dans son rôle de petit enfant, balançant ses jambes d'avant en arrière sur le fauteuil, semblant s'amuser avec une illusion qu'il avait créée.

Lorsque Shawn revint avec un petit pot de glace, je me décidai à retourner dans la pièce et à le lui remettre.

Il prit la cuillère avec des gestes maladroits et se mit à la dévorer avec une gourmandise enfantine. Ses yeux pétillaient de joie, il avait l'air de ne pas se rendre compte du contraste entre son comportement actuel et celui qu'il avait eu plus tôt.

– C'est bon ! s'exclama-t-il avec enthousiasme, une traînée de glace au coin des lèvres.

Je restai bouche bée devant cette scène.

Cet homme était-il réellement atteint de troubles de la personnalité, ou bien était-ce une mise en scène pour me déstabiliser davantage ? Mes pensées étaient confuses, mais une chose était certaine, sa transformation était déconcertante.

Après avoir terminé son dessert, l'homme se leva d'un coup du fauteuil, abandonna son personnage d'enfant espiègle. Il me regarda alors d'un air sérieux, comme s'il reprenait conscience de la réalité.

– Merci pour cette danse… et pour la glace, dit-il simplement avant de quitter la pièce.

Je restai là, perplexe et troublée, essayant de comprendre ce qui venait de se passer, en proie à la peur et à la fascination. Il m'avait manipulée sans effort apparent.

Je sortis de cette pièce soulagée, mais méfiante. Les lumières du club, les rires et la musique enivrante semblaient étrangement distants maintenant. Chaque client me paraissait potentiellement dangereux.

Alors que je rejoignais le bar, je tombai sur Bunny. Elle remarqua immédiatement mon trouble et s'approcha, inquiète.

– Tout va bien ? demanda-t-elle doucement.

Je hochai la tête, mais mes pensées étaient ailleurs.

– Oui, c'est juste… ce client était vraiment étrange.

Bunny fronça les sourcils.

– Tu sais, on a toujours des choix à faire dans ce boulot. Il ne faut pas laisser la curiosité ou l'argent te pousser à faire des trucs qui te mettent mal à l'aise.

Ses mots résonnèrent en moi. J'avais franchi une ligne, non pas par nécessité, mais par appât du gain et par fascination pour l'inconnu.

– Tu as raison, admis-je. J'ai ignoré les drapeaux rouges.

Bunny posa une main réconfortante sur mon épaule.

– On s'est toutes retrouvées dans cette situation à un moment ou à un autre. Ce qui compte, c'est ce que tu en retires.

Je pris une profonde inspiration et me promis de ne plus jamais laisser la curiosité ou l'argent me pousser à négliger mon instinct.

– Merci, Bunny. Je crois que j'avais besoin d'entendre ça.

Elle sourit, mais ses yeux reflétaient une tristesse que je n'avais jamais remarquée auparavant.

– N'oublie jamais que ta sécurité et ton bien-être passent avant tout. Ne risque jamais ta vie pour ce boulot.

Je regardai Bunny plus attentivement.

– Tu parles comme si tu avais vécu quelque chose de similaire…

Elle baissa les yeux, hésitante.

– Oui, murmura-t-elle finalement. Il y a quelques années, j'ai eu une expérience qui m'a marquée à jamais. J'ai fait l'erreur de laisser un client me manipuler, et j'ai failli y laisser ma peau.

Ses paroles me frappèrent de plein fouet.

– Qu'est-ce qui s'est passé ? demandai-je doucement.

– Ce n'est pas une histoire facile à raconter. Mais si ça peut t'aider à comprendre l'importance de fixer des limites, je veux bien la partager avec toi.

– J'aimerais beaucoup l'entendre, Bunny.

Elle hocha la tête et me fit signe de la rejoindre au bar.

Nous nous installâmes, l'ambiance feutrée du lieu offrait un cadre propice à la confidence. Le barman, connaissant mes habitudes, me servit un verre sans alcool sans même que je le demande. Bunny commanda du vin rouge. Ses mains tremblaient légèrement lorsqu'elle prit son verre.

– Il y a quelques années, j'ai rencontré un client qui, au premier abord, semblait tout à fait normal, toujours poli et respectueux. Il revenait chaque semaine, c'était devenu un client régulier, continua Bunny. Il m'offrait des cadeaux : bijoux, vêtements de marque, parfums. Il semblait tellement généreux, tellement facile à contenter. J'étais jeune et naïve, je croyais que j'avais trouvé le client idéal.

Sentant qu'il y avait plus à venir je lui demandai :

– Qu'est-ce qui a changé ?

– Un soir, tout a basculé, murmura-t-elle, les yeux fixés sur son verre. Il est devenu envahissant, possessif. Il ne se contentait plus de me voir danser. Il voulait connaître mes horaires, savoir avec qui je parlais, où j'allais après le travail. Il est devenu violent. Il m'a dit que j'étais à lui, désormais, que je devais travailler pour lui. Pas dehors, sur un trottoir, mais ici, dans ce club… Il restait au bar toute la nuit, surveillant chacun de mes mouvements, comptant chacune de mes danses. À la fin de celles-ci, il m'attendait en bas des escaliers, et je lui donnais le cash que je venais de gagner.

– Et tu n'as rien pu faire ? demandai-je horrifiée.

– Il m'a menacée de mort si je le dénonçais, répondit Bunny, la voix étranglée. Il me suivait jusque chez moi, me laissait des messages sur mon répondeur pour me rappeler que je devais faire tout ce qu'il voulait… absolument tout. J'avais peur, tellement peur. Chaque soir il devenait de plus en plus menaçant, il en voulait toujours plus, m'obligeant à travailler sept jours sur sept ; si je ne lui obéissais pas, il ferait du mal à ma famille, m'avait-il avertie. Je ne savais pas comment m'en sortir. J'ai été sous son emprise pendant des mois.

Je pris sa main, la serrant doucement pour lui montrer mon soutien.

– Comment as-tu réussi à t'en sortir ?

– Un manager a commencé à remarquer que quelque chose ne tournait pas rond, expliqua Bunny. Il a vu que j'étais constamment anxieuse, que je n'avais plus l'air heureuse de travailler. Un soir, après une danse privée particulièrement éprouvante, il m'a prise à part et m'a demandé ce qui se passait. J'étais terrifiée, mais il a su me rassurer. Il m'a dit qu'il était là pour m'aider, que je pouvais lui faire confiance.

– Et tu as parlé ?

– Oui, répondit Bunny avec un soupir. J'ai tout raconté. Le manager a immédiatement appelé la sécurité et ils ont confronté l'homme. Il a menacé toute l'équipe, disant qu'il connaissait des gens dangereux, qu'il pourrait tous nous faire du mal. Finalement ils ont dû appeler la police.

Les policiers sont intervenus et ont fini par l'emmener, mais il continuait à hurler des menaces, disant qu'il reviendrait, qu'il me trouverait où que j'aille.

Je frissonnai, imaginant la scène.

– Ça a dû être terrifiant.

– Ça l'était, murmura Bunny. Mais grâce au soutien du club et de la police, j'ai pu porter plainte et obtenir une ordonnance de protection contre lui. Ils m'ont aidée à déménager, à changer de numéro de téléphone. Pendant des mois, j'ai vécu dans la peur, me demandant s'il reviendrait un jour.

– Tu as vraiment été forte.

Elle hocha la tête, un léger sourire se dessina sur ses lèvres.

– Depuis ce jour, je ne fais plus confiance à aucun client. Je suis toujours sur mes gardes et je refuse systématiquement les clients qui me semblent étranges. Ma sécurité avant tout.

Elle me regarda droit dans les yeux, une intensité nouvelle dans son regard.

– Ton histoire ce soir rappelle combien il est crucial de fixer des limites claires. Ne laisse jamais quelqu'un te faire sentir que tu n'as pas le contrôle.

– Merci, Bunny, nous devons vraiment nous soutenir les unes les autres dans ce métier.

– Exactement, nous formons une famille, ici, quand l'une de nous est en difficulté, c'est à nous toutes de l'aider. Ensemble, nous sommes plus fortes. La solidarité féminine existe même dans les clubs de strip-tease.

Ses paroles résonnaient avec une force indéniable. Mais malgré la beauté de son discours, une part de moi restait sceptique. Dans cette industrie où les apparences règnent en maître, où tout semble si artificiel, pouvais-je vraiment croire en cette solidarité ? Les sourires, les amitiés, les promesses… était-ce réellement sincère ? Bunny croyait en cette sororité, et son histoire en était la preuve. Pourtant je ne pouvais m'empêcher de me demander si, au fond, nous étions vraiment capables de nous protéger mutuellement dans ce monde de paillettes où l'argent est roi.

Les liens peuvent-ils vraiment résister à l'influence pernicieuse de l'argent, ou finissent-ils toujours par se briser face à la tentation et à l'intérêt personnel ?

Les réponses à ces questions arriveraient bien assez tôt pour moi…

# – 17 –

## Une nuit étoilée

La rumeur s'était répandue comme une traînée de poudre : le club avait été privatisé pour une soirée spéciale en l'honneur d'une star internationale. Les murmures se multipliaient dans les coulisses, chaque danseuse se demandait si elle serait l'heureuse élue qui se produirait devant cette célébrité mystérieuse. Les yeux brillaient à cette perspective, et les spéculations fusaient de toutes parts, nourrissant l'imagination de chacun.

Qui était cette star ? Quelle était la nature exacte de cette soirée spéciale ? Les hypothèses allaient bon train, des noms circulaient, mais personne ne pouvait affirmer avec certitude qui serait l'invité de marque. Cela éveillait une curiosité fiévreuse chez les danseuses.

Pourtant, en dépit de toute cette agitation et de l'effervescence qui régnait, une part de moi espérait secrètement échapper à cette sélection. L'idée de danser pour une célébrité ne m'enchantait pas particulièrement.

Je préférais de loin les clients habituels, où je pouvais être moi-même sans artifices ni attente démesurée.

Une inquiétude profonde s'insinuait en moi : quelles étaient les attentes potentielles de cette star ? La privatisation d'un club de strip-tease n'était pas anodine, et mon expérience dans le métier me rendait méfiante.

Mon esprit s'égara dans des scénarios extravagants et dégradants. Je redoutais qu'il s'agisse d'un chanteur de rap arrogant, se comportant comme s'il était au centre d'un de ses clips controversés, entouré de danseuses réduites à de simples objets. Des images de twerks ostentatoires, de sourires niais et d'attitude condescendante envers les danseuses me venaient à l'esprit.

Je n'étais pas de celles-là. Je refusais ce stéréotype réducteur, et mon métier n'était en aucun cas synonyme de soumission. Si je devais participer à cette soirée, j'espérais que la star en question reconnaîtrait cela, sinon je n'hésiterais pas à faire entendre ma voix, comme je l'avais fait à maintes reprises dans le passé.

Alors que mes pensées tourbillonnaient, la vibration familière de mon téléphone me tira de mes réflexions. Un message d'Adam, le patron du club, s'afficha à l'écran. Mon cœur s'emballa légèrement tandis que mes doigts pressaient l'écran pour lire le contenu du message. *« Félicitations ! Tu as été choisie pour faire partie de cette soirée. Prépare-toi, ça va être inoubliable. »*

Un mélange de sentiments contradictoires m'envahit. D'abord, une pointe d'excitation – après tout, cela pouvait être fun ! Mais elle fut vite étouffée par une vague d'appréhension. Mon esprit était assailli par une multitude de questions. Qui était cette star mystérieuse ? À quoi devais-je m'attendre ? Les scénarios imaginés plus tôt refirent surface, alimentant mes inquiétudes.

Bien que je ne fusse pas novice dans le monde de l'*entertainment* pour adultes, l'incertitude de la situation me stressait.

Cette privatisation était-elle aussi innocente qu'elle le laissait paraître ? Ou était-ce un piège sournois qui pourrait mettre en péril ma sécurité ?

Tandis que je digérais le contenu du message, mes yeux se levèrent instinctivement vers les autres danseuses, cherchant des indices dans leurs expressions et leurs gestes. Mon regard croisa celui de Sasha, qui sautillait presque d'excitation en regardant son téléphone. À côté d'elle, Pénélope affichait un sourire radieux, ses yeux pétillaient de joie. Mais toutes ne partageaient pas la même euphorie : certaines, encore dans l'attente ou déçues, regardaient la scène en silence, le sourire figé.

L'atmosphère était électrique, entre rires, chuchotements et regards réservés. Dans un coin, on discutait déjà des tenues que l'on porterait pour l'événement. Les anecdotes sur les expériences avec différentes célébrités allaient bon train, portées par l'enthousiasme des danseuses sélectionnées. C'était une opportunité exceptionnelle, selon elles, et celles qui avaient été choisies savouraient déjà ce moment de gloire.

Le contraste entre leur réaction et la mienne était frappant. Alors qu'elles semblaient se nourrir de l'enthousiasme général qui régnait, je me sentais comme une étrangère au milieu d'une fête à laquelle elle n'a pas été conviée.

Mon attitude réservée et ma réticence à me laisser emporter par l'excitation accentuaient mon sentiment d'être en marge de ce groupe uni.

Une voix intérieure me murmurait que je devrais peut-être essayer de me laisser aller, de profiter de l'instant présent comme les autres semblaient si bien le faire.

Pourquoi ne pouvais-je pas simplement me réjouir, sans suranalyser chaque détail et chaque possibilité ? Une part de moi se demandait si je n'étais pas en train de bouder mon plaisir en laissant mes préoccupations prendre le dessus.

Nous en étions là de nos babillages et réflexions quand soudain la voix autoritaire d'Adam nous interrompit.

– Mesdames, si vous pouviez me rejoindre dans mon bureau, s'il vous plaît, j'aimerais que nous finalisions quelques formalités pour cette grande soirée, déclara-t-il d'un ton professionnel.

Un murmure d'excitation se répandit parmi les danseuses. Les regards se croisèrent, des sourires furent échangés. C'était le moment que beaucoup attendaient avec impatience, l'occasion de mettre enfin un visage sur la célébrité mystérieuse et de découvrir plus en détail la soirée à venir.

Je me joignis à la file des danseuses qui se dirigeaient vers le bureau d'Adam. Mon cœur battait un peu plus vite, la curiosité se mêlant à l'appréhension.

Alors que nous entrions dans la pièce, je remarquai les étagères remplies de photos encadrées des célébrités qui avaient visité le club.

Adam nous accueillit avec un sourire chaleureux, tout en conservant son sérieux.

– Je tiens à souligner que l'identité de la star sera gardée confidentielle jusqu'à demain, précisa-t-il d'une voix assurée. Vous serez amenées à signer plusieurs documents vous engageant à ne rien divulguer.

Mon esprit s'embrouilla légèrement à l'idée de toute la paperasse à remplir, mais je savais que c'était inévitable pour un événement comme celui-ci.

La soirée était prévue pour le lendemain, ajoutant un sentiment d'urgence à l'excitation ambiante. Alors que je m'apprêtais à apposer ma signature, je n'arrivais toujours pas à me réjouir de faire partie des élues, trop consciente du poids des responsabilités que cela impliquait. L'identité de la star restait enveloppée de mystère et la tonne de papier à signer rappelait que cette soirée n'était pas une simple formalité.

Une fois que nous eûmes signé les documents, Adam se lança dans une explication détaillée du déroulement de la soirée.

– Mesdames, je tiens à ce que cette soirée soit un événement mémorable pour nos invités et pour vous toutes, commença-t-il d'un ton enjoué. Chacune d'entre vous jouera un rôle essentiel dans cette expérience unique.

Il fit une pause, scrutant nos visages pour s'assurer que nous étions toutes à l'écoute.

– Les danseuses seront réparties en plusieurs groupes, chacune ayant un moment dédié pour se produire sur scène.

Ses mots firent naître en moi une image vivante de la soirée à venir, une série de performances, rien de pervers, je sentais un poids s'enlever de mes épaules.

– De plus, certaines d'entre vous auront l'honneur de se joindre à des activités avec nos invités, annonça-t-il avec un sourire énigmatique. Il y aura des sessions de danses privées, des discussions en tête à tête et des moments de partage avec nos convives.

Parmi les activités spéciales qui furent énoncées avec un enthousiasme apparent, Adam dévoila les détails d'un concours de séduction, où les danseuses seraient encouragées à rivaliser pour capter l'attention de la célébrité. Des séances de photos privées furent également annoncées.

Une vague de nervosité me submergea instantanément. Mon cœur s'emballa et la nausée me gagna. Mon instinct ne m'avait pas trompée, mes soupçons n'étaient pas infondés. Cette soirée ne serait pas aussi innocente qu'elle pouvait le paraître.

Chacune des propositions qu'il énumérait était comme une confirmation de mes craintes. Mon esprit se mit à imaginer les scénarios possibles, les situations inconfortables que je pourrais être amenée à affronter.

Alors qu'il marqua une pause dans l'énumération des activités, je pris une profonde inspiration.

– Excusez-moi, dis-je d'une voix plus ferme que je ne l'aurais cru possible. Je préfère être franche dès le départ. Hormis la prestation sur scène, je ne veux participer à aucune autre activité.

Le silence s'installa dans la pièce, l'air ne vibrait plus que de rares chuchotements et des regards échangés entre les autres danseuses.

– Je vois, répondit-il d'un ton cinglant. tu as des exigences spécifiques, c'est noté. Cependant, je tiens à souligner que cette soirée est conçue pour offrir une expérience complète et divertissante à notre invité de marque.

Mon discours avait créé une onde de choc. Les murmures s'étaient éteints. J'avais clairement perçu l'agacement d'Adam, cependant je ne me laissais pas intimider.

– Je respecte vos choix et je comprends que certaines d'entre vous puissent être enthousiastes, déclarai-je d'un ton assuré, mais de mon point de vue, cela ressemble à une forme de prostitution.

J'avais visiblement frappé fort. Certaines danseuses semblaient surprises par ma franchise, tandis que d'autres réfléchissaient à mes paroles.

Mon regard croisa à nouveau celui d'Adam, et cette fois-ci, je n'avais plus aucun doute sur son exaspération. Il prit une profonde inspiration, visiblement contrarié.

– Très bien, dit-il d'une voix tendue, si c'est ainsi que tu le vois, tu es libre de ne pas y participer, mais tu te priveras aussi des avantages qui en découleront.

Un échange muet s'installa entre nous, une sorte de bras de fer silencieux où nos regards se défiaient.

J'étais prête à renoncer aux prétendus avantages pour préserver ma dignité. J'avais conscience que ma décision avait également marqué une rupture nette entre les autres danseuses et moi, mais mon expérience dans ce métier m'avait appris à poser des limites que je refusais de franchir, même si cela signifiait passer à côté d'opportunités apparemment lucratives.

Le reste de la réunion se déroula dans un climat tendu.

Une fois les détails de la soirée évoqués et les papiers signés, chacune des danseuses quitta le bureau d'Adam, certaines pleines d'excitation, d'autres plus dubitatives.

Peut-être avais-je semé le doute dans l'esprit de quelques-unes, peut-être avais-je réussi à éveiller une réflexion sur les choix que nous faisions et les limites que nous étions prêtes à franchir.

Cela me conforta dans l'idée que ma prise de position n'était pas vaine, même si elle avait provoqué l'agacement d'Adam et l'incompréhension de plusieurs de mes collègues. En fin de compte, peu importait la réaction des autres. Ce qui comptait, c'était la certitude d'avoir agi en accord avec mes convictions.

Le lendemain matin, en me réveillant, je remarquai plusieurs notifications d'appels en absence et de SMS d'Adam. Je poussai un long soupir en ouvrant le message :

*« J'espère que tu ne joueras pas les trouble-fête ce soir. Tu as de la chance d'avoir été sélectionnée. Tu ne réalises pas qui c'est ! »*

Je fixais ces mots pendant un moment, ressentant une pointe d'agacement. Mon doigt glissa sur l'écran alors que je composais une réponse.

*« Non, en effet, je n'en ai aucune idée et cela m'est égal. »*

En appuyant sur le bouton d'envoi, frustration et colère m'habitaient. Je n'étais pas du genre à me plier aux attentes des autres, peu importe à quel point ils pouvaient être influents ou célèbres.

Ce constat m'attristait : trop de femmes se laissaient acheter pour une poignée de billets. Cette soirée était l'illustration flagrante de la manière dont l'argent et le statut pouvaient corrompre les valeurs fondamentales de l'être humain.

Au fur et à mesure que la journée avançait, je me préparai pour la nuit à venir. Au fond de moi, je pariais fortement sur un chanteur de rap. Les stéréotypes qui l'accompagnaient semblaient coller parfaitement avec le genre d'activités spéciales que le club prévoyait. Je me doutais que ma participation serait très succincte, mais ce qui m'attirait, c'était l'opportunité d'observer et d'analyser le comportement de chacun. Une exploration psychologique, en somme, qui s'annonçait captivante.

Mon téléphone vibra à nouveau, cette fois c'était un appel d'Adam. Je décrochai, prête à affronter une nouvelle tentative de persuasion.

– Écoute, je comprends que tu aies des réserves, dit-il d'une voix apaisante. Mais je tiens à te dire que cette personne est très influente et ta participation pourrait t'ouvrir des portes incroyables.

Je ne pus m'empêcher de laisser échapper un rire sarcastique.

– De quelles portes parles-tu ? Aurais-je l'honneur de choisir entre devenir la reine de son harem personnel ou juste sa muse d'une nuit ? Les options sont si alléchantes que je ne sais par où commencer !

Adam soupira, manifestement agacé par ma réplique.

– Tu as toujours été têtue… Tu as tellement de potentiel, Laly, c'est du gâchis, cette soirée pourrait être une opportunité exceptionnelle pour toi.

Je roulai des yeux.

– Oh, mais laisse-moi te rappeler que mon potentiel ne se limite pas à être une simple poupée que l'on exhibe pour satisfaire les caprices de quelqu'un d'influent.

Prenant une profonde inspiration, Adam répliqua :

– C'est ton choix. Mais ne te méprends pas, il y a des occasions qui ne se présentent qu'une fois dans une vie.

Je souris, il était tenace le bougre. Mais pas suffisamment pour me faire plier. Je raccrochai.

À 21 heures, je me présentai au club, un peu plus tendue que d'habitude. Je remarquai une affiche sur la devanture qui disait :

*Fermeture exceptionnelle ce soir Événement privé.*

Un membre imposant de la sécurité m'accrocha un bracelet autour du poignet, et me demanda de lui donner mon téléphone. Il me serait remis à la fin de la soirée.

Je m'exécutai rapidement, sachant que la confidentialité était un élément clé du contrat.

Il me fit un bref signe de la tête et je franchis le seuil, pénétrant ainsi dans le sanctuaire de cette soirée spéciale.

Je reconnus quelques danseuses, elles étaient magnifiquement apprêtées. J'arrivai parmi les dernières, observant l'assemblée avec une certaine curiosité. Adam se tenait là, vêtu de blanc, un cigare à la main. Son regard se posa sur moi, j'y lus de l'anxiété. Mon franc-parler avait tendance à faire des vagues, c'était indéniable…

Alors que je scrutais la salle, je réalisai qu'il n'y avait pas encore de trace de notre célébrité. Un épais rideau fermait une partie de l'espace, un lieu mystérieux d'où les danseuses entraient et sortaient.

Mon observation fut interrompue par l'arrivée d'un manager du club, lui aussi vêtu d'un costume impeccable. Il s'approcha de moi avec un sourire engageant et me fit signe de le suivre. Sans un mot, je me glissai derrière le rideau. Une sorte de frénésie régnait parmi les danseuses.

Mon attention fut subitement attirée par une silhouette familière, mon cœur rata un battement alors que je le reconnus.

Une vague d'incrédulité me traversa. Ce n'était pas un chanteur de rap ni une rock star provocatrice, c'était… Lui. Quelqu'un que je n'aurais jamais imaginé voir ici.

L'image que je m'étais construite de lui à travers les médias était bien loin de la réalité qui se dressait devant moi. Je me sentis légèrement intimidée. Il dégageait une stature de champion, une prestance qui en imposait, et je ne pouvais nier qu'il était impressionnant à voir.

Mon regard restait fixé sur lui sans que je le veuille, c'était une facette de la célébrité que l'on ne pouvait pas capturer à travers les écrans où les magazines, une vérité qui se révélait seulement en chair et en os.

Mon regard croisa le sien au moment précis où il semblait avoir remarqué que je l'observais. Mes joues rosirent involontairement alors qu'il s'approchait de moi avec un sourire sincère.

– Je suis heureux de te voir ici ce soir, dit-il d'une voix chaleureuse. J'ai suivi ta carrière, j'ai vu tous tes films.

C'était un moment de gêne que je n'avais pas anticipé. Les mots qu'il avait prononcés et le ton amical qu'il employait semblaient en contradiction avec le scénario que j'avais bâti. Je me trouvais face à une célébrité mondialement connue qui était visiblement familière de mon parcours.

Un sourire figé se dessina sur mes lèvres, alors que je tentais de trouver les mots appropriés pour lui répondre.

– Je... heu, merci, balbutiai-je finalement, déstabilisée par la tournure que prenait la conversation.

– Je trouve dommage que tu aies arrêté !

J'étais à la fois estomaquée et touchée par ses paroles. L'atmosphère autour de nous semblait s'être figée, mais les autres danseuses cherchaient visiblement à capter son attention. Elles enchaînaient des mouvements provocateurs, des danses suggestives et des regards appuyés, dans une tentative désespérée de détourner son attention.

– Eh bien, vous n'êtes pas le genre de personne que je m'attendais à voir ici.

Il me lança un sourire espiègle.

– Oh, il faut croire que je peux être imprévisible de temps en temps.

Je ris doucement.

– C'est certain. Alors, vous êtes un fan de spectacles de strip-tease maintenant ?

Il leva les mains en signe d'innocence.

– Oh non, ce n'est pas vraiment mon truc. Je suis ici pour une occasion spéciale en fait.

– Intriguant, dis-je, en haussant un sourcil. Un enterrement de vie de garçon peut-être ?

Il éclata de rire.

– Vous avez deviné juste ! Un ami très proche se marie bientôt, et nous avons pensé que faire la fête ici serait amusant.

– Ah, je vois. Une dernière nuit de folie avant le grand jour, fis-je avec un sourire complice.

– Exactement ! Et, soyons honnêtes, il n'y a pas de meilleure façon de le faire que de réserver un club de strip-tease, non ? dit-il d'un ton taquin.

Je levai les yeux au ciel de manière exagérée.

– Oh, bien sûr, c'est un choix tout à fait traditionnel.

Il rit, et je fus surprise de voir à quel point il semblait détendu et amical.

– Et vous ? Pourquoi être venue ?

Je secouai la tête, amusée.

– Je suppose que je suis ici plus par curiosité qu'autre chose. Pour voir ce qui se passe dans ce genre de soirées, et découvrir enfin qui était cette fameuse star !

– Ah ! L'exploratrice audacieuse, je vois, dit-il en riant.

– On peut dire ça, répliquai-je avec un clin d'œil.

Mon échange avec Lui fut interrompu par une annonce du DJ :

– Faites du bruit pour Laly !

Mon nom résonna dans le club, et je fus submergée par un mélange d'excitation et de nervosité.

J'étais la prochaine sur scène, et je n'étais pas prête du tout.

Il me sourit et saisit une énorme liasse de billets.

– Je vais être ton fan numéro un, ce soir, dit-il avec un enthousiasme contagieux.

Ses amis s'installèrent autour de la scène, et les serveuses apportèrent des *money guns*[5] qu'elles distribuèrent à chacun d'entre eux.

Alors que je montais sur la scène, l'ambiance dans la salle commençait à monter en flèche. Le DJ avait augmenté le volume de la musique, les lumières rouges et violettes tournoyaient et pulsaient en rythme. L'euphorie était palpable, et les cris remplissaient la salle.

Lui et ses amis sortirent les gros pistolets remplis de billets verts. Lorsqu'ils appuyèrent sur la gâchette, une pluie d'argent commença à jaillir des canons, les billets volaient tout autour de moi, je me trouvais au centre de la scène, et une sensation indescriptible m'envahit. La chaleur des projecteurs sur ma peau, le frisson de l'excitation dans l'air et le contact des billets glissant contre ma peau me plongèrent dans un état de pure extase.

5. Pistolet qui envoie de l'argent.

Les regards avides de mon public, le désir brûlant dans leurs yeux, ajoutaient au sentiment de toute-puissance et séduction qui m'envahissait. La sensualité de chacun de mes mouvements semblait amplifiée par l'énergie sexuelle palpable dans le club. Je me sentais vivante, désirée, et incroyablement confiante.

Le monde extérieur n'existait plus, j'évoluais dans une capsule d'exaltation pure, de liberté, et de connexion profonde avec mon public.

C'est pour vivre ça que je fais ce métier, cette sensation qu'on ne retrouve nulle part ailleurs, qui me transcende. Je suis exposée, mais cela me donne une force intérieure que peu de gens peuvent comprendre.

Adam me scrutait du haut du bar, son cigare toujours à la main, je crus même le voir sourire à ce moment-là, ce qui était plutôt rare.

La fête était une réussite, tout le monde avait l'air content, y compris moi.

Je ressentais un profond soulagement à mesure que la nuit avançait. Finalement cette soirée avait pris une tournure bien plus nuancée et rassurante que je ne l'avais imaginée.

La vie a un sens de l'humour bien à elle parfois, jouant avec les apparences pour mieux les déconstruire.

Le contraste entre mes préjugés et la réalité que j'avais sous les yeux était saisissant ; j'avais imaginé un chanteur de rap arrogant, prêt à exploiter son statut pour son propre plaisir, mais ici se tenait quelqu'un de tout à fait différent.

Il avait joué le jeu du strip-club, il avait fait le spectacle en participant à mon passage sur scène, mais n'avait pas utilisé son statut de star pour en profiter.

– Ravie d'avoir fait ta connaissance, et merci pour tout ça.

Je désignai le sol recouvert de billets.

– On s'est beaucoup amusés et c'est amplement mérité ! Je te laisse mon numéro de téléphone.

Il me tendit une carte de visite.

Je la pris et la glissai dans mon sac. La soirée était terminée, il était temps de rentrer.

En observant les danseuses autour de nous, je ne pus m'empêcher de noter l'ironie de la situation. Alors qu'il se comportait avec une courtoisie désarmante, certaines des filles en faisaient des tonnes, comme si elles croyaient que la provocation était le seul moyen d'attirer l'attention.

Elles suivaient un script préconçu, se conformant au cliché de la strip-teaseuse, objet de désir.

Cette dynamique me fit réaliser à quel point il était complexe de briser les stéréotypes. D'un côté, nous avions cette personnalité qui avait vaincu mes réticences initiales. De l'autre, les danseuses semblaient renforcer les clichés en jouant un rôle qui n'était pas nécessaire en sa présence. Comme si leur valeur était conditionnée par la façon dont elles les incarnaient.

Alors que je montais dans ma voiture pour quitter le club, une vibration dans ma poche attira mon attention. En sortant mon téléphone, je découvris un message d'Adam :

*« Tu as été extraordinaire ce soir, la prochaine fois tu me feras confiance. »*

Un sourire espiègle se dessina sur mon visage à la lecture de ces mots. Mon écran s'illumina, affichant un nouveau message :

*« On dîne quand, tous les deux ? J'ai l'impression que tu trouves toujours des excuses pour me fuir. Tu sais, un dîner décontracté ne signifie pas forcément une déclaration d'amour, juste une conversation entre amis. »*

Amusée par son message, je décidai de jouer le jeu. Je lui répondis avec un brin de taquinerie : *« Adam, ta persévérance mérite une médaille d'or, mais malheureusement pour toi, je suis championne du sprint quand il s'agit d'échapper aux dîners romantiques. Je préfère te laisser avec un bon plat et une série Netflix. Mais ne te décourage pas, qui sait, peut-être un jour je céderai à l'appel des spaghettis et de la conversation amicale. »*

Il ne fallut pas longtemps avant qu'une nouvelle notification apparaisse : *« Tu es virée. »*

Je ne pus m'empêcher de sourire en le lisant et lui répondis rapidement :

*« On se voit ce week-end au club. Bonne nuit, boss. »*

Alors que je rangeais mon téléphone et faisais démarrer la voiture, une étrange sensation m'envahit. Mon intuition me soufflait que cette histoire allait mal se terminer. Adam était de nature insistante, je le savais bien. Il ne lâcherait rien, comme en témoignaient ses nombreux messages et ses convocations incessantes dans son bureau, malgré mes refus face à ses avances.

Personne ne disait non à Adam. Il avait la réputation d'obtenir ce qu'il voulait, quand il le voulait. C'était un homme habitué à avoir le monde à ses pieds, et l'idée que quelqu'un put lui résister semblait l'obséder.

Alors que je roulais, je me demandais avec une certaine anxiété quelle serait sa prochaine tentative pour me faire plier, et comment j'allais une fois de plus m'en sortir. Il était impossible que cette tension persiste indéfiniment…

## – 18 –

# Quand l'inévitable devient imminent

Un soir, Adam fit son entrée au club en compagnie d'une femme qui semblait être sous son charme. Ses yeux, d'un marron profond, étaient rivés sur lui, pleins d'une lueur qui trahissait son admiration.

Sa robe, simple et discrète, contrastait avec la tenue sophistiquée d'Adam. Elle marchait timidement près de lui, comme si elle cherchait à s'effacer devant la présence dominante de l'homme à ses côtés.

Prête à se conformer à ses moindres souhaits, à répondre à ses désirs, elle ne parlait que lorsqu'elle était sollicitée, se fondant parfaitement dans le décor.

Je pensai alors qu'enfin j'aurais un peu de répit, que les avances incessantes d'Adam se calmeraient. Je m'en réjouissais secrètement, convaincue qu'elle serait la clé pour me débarrasser de ses indésirables attentions.

Pourtant, quelque chose ne collait pas. Je remarquai que, lorsque ses yeux semblaient être fixés sur elle, ils revenaient invariablement vers moi. Son regard insistant, à la fois provocateur et calculateur, me laissait perplexe.

Assis à une table spécialement réservée pour lui, Adam avait sorti le grand jeu. Un champagne millésimé reposait dans un seau à glace, une sélection de petits-fours, de caviar délicat, et une profusion d'autres amuse-bouches étaient disposés avec soin.

Adam me fit signe de les rejoindre, un sourire énigmatique au coin des lèvres. Malgré mon désintérêt évident pour lui, je pris la décision de jouer le jeu, curieuse de découvrir ses véritables intentions. Je m'approchai de leur table. Le regard de la femme à ses côtés oscillait entre l'appréhension et l'adoration.

Il se leva pour me faire face, me tendant la main avec une courtoisie feinte.

– Ravie de te voir ce soir, Laly, dit-il, d'une voix aussi enjôleuse qu'à l'accoutumée. Permets-moi de te présenter Alexandra.

– Enchantée de faire ta connaissance, Alexandra, dis-je en inclinant légèrement la tête vers elle.

La femme m'accueillit avec un sourire chaleureux, bien que son regard trahît une certaine nervosité.

Adam prit les devants.

– Alexandra, voici Laly, la danseuse française dont je t'ai parlé.

Adam me désigna une chaise à côté de lui.

– Asseyons-nous. J'ai l'impression qu'Alexandra et toi allez bien vous entendre.

Alors que je prenais place, je sentis le piège se refermer peu à peu sur moi. Je ne comprenais toujours pas à quoi il jouait en m'invitant à sa table en compagnie de sa nouvelle petite amie. Mais il était clair qu'elle n'était qu'un pion dans son jeu de séduction. Le silence qui s'ensuivit fut pesant. Alexandra essaya de lancer une conversation.

– Ce club est vraiment magnifique, dit-elle timidement, tentant de trouver un terrain commun.

– Oui, c'est vrai, acquiesçai-je, me demandant encore où tout cela nous mènerait.

Mon regard se posa sur Adam, dont le sourire énigmatique ne semblait pas vouloir s'effacer.

– Pourquoi être venu sur ton lieu de travail pour un rendez-vous romantique ? demandai-je finalement.

Il me fixa, ses yeux plongeant dans les miens.

– Laly, je pense que tu es quelqu'un de spécial, répondit-il, sa voix suave glissant sur chaque mot. Je voulais simplement que tu rencontres Alexandra, une personne tout aussi exceptionnelle.

Je sentis mon malaise grandir. C'était évidemment plus compliqué que cela, mais il ne semblait pas enclin à révéler ses véritables intentions, du moins pas dans l'immédiat. Alexandra nous regardait tour à tour, troublée par l'atmosphère étrange qui régnait à la table. Elle ne semblait pas comprendre la subtilité du jeu dans lequel nous étions engagés.

Le silence s'épaissit. Alexandra tenta désespérément de briser la glace et je me demandai si Adam appréciait réellement cette situation inconfortable qu'il avait créée.

– Alors, Laly, tu danses ici régulièrement ? J'aurais adoré avoir ton courage pour aller sur scène et me déshabiller devant tous ces hommes.

Je souris poliment.

– C'est un métier qui demande de la confiance en soi et de la passion, c'est certain. Mais c'est aussi une forme d'art, et il y a un public pour cela.

Alexandra rougit légèrement en poursuivant :

– Tu penses que tu pourrais m'apprendre à faire un strip-tease ? J'ai toujours entendu dire que les Françaises étaient les meilleures pour ça.

Adam observa la scène avec amusement, appréciant visiblement l'ambiguïté de la situation puis intervint :

– Eh bien, mesdames, il serait dommage de repousser cela à plus tard, n'est-ce pas ?

Il se tourna vers moi.

– Laly, il y a plusieurs *rooms* à l'étage où tu pourrais lui donner quelques leçons. Je suis sûr que ça pourrait être amusant.

Je sentis une pointe d'irritation monter en moi.

– Adam, je suis ici pour travailler et gagner ma vie, pas pour donner des leçons de strip-tease.

Alexandra, un peu gênée par la tournure que prenait la conversation, essaya de désamorcer la situation.

– Peut-être une autre fois, ce n'est pas le bon moment.

Adam ne semblait pas prêt à abandonner.

– Je t'offre 1 000 dollars pour une petite session, Laly, dit-il en sortant une liasse de billets de sa poche et en les jetant négligemment sur la table. Un petit divertissement pour nous tous, qui rentre complètement dans le cadre de ton travail, qu'en dis-tu ?

Il conclut avant même que j'aie le temps de répondre :

– Allons, les filles, montons à l'étage. J'ai hâte de voir Laly en professeur de strip-tease.

L'entrevue avait pris une tournure inattendue et déconcertante. Les paroles d'Adam, son insistance, et maintenant cette offre d'argent pour une séance de strip-tease me laissaient sans voix. Je ne savais pas comment réagir.

Alexandra, visiblement troublée par l'ambiance tendue et la proposition d'Adam, se leva, prit sa main et le suivit vers les escaliers.

Tout allait trop vite, mon cerveau peinait à analyser ce qui était en train de se passer. J'avais l'impression d'être prise au piège, manipulée, et je ne pouvais m'empêcher de penser que c'était exactement ce qu'Adam avait planifié depuis le début.

Je me retrouvais à court d'options, acculée.

Bravo, Adam, pensai-je amèrement, tu m'as bien eue. J'avais l'impression que je n'avais plus le choix, que les événements se déroulaient selon ses règles, et que je devais suivre le mouvement, même si cela me révoltait intérieurement.

Avec une résolution forcée, je me levai et les suivis vers les escaliers, me préparant mentalement à affronter ce qui m'attendait à l'étage.

Alors que je montais les marches, je ne pouvais m'empêcher de remarquer les regards suspicieux et les chuchotements parmi les autres filles. Elles me regardaient de travers, certaines avec des sourires narquois.

Je savais parfaitement ce qui se tramait dans leur esprit. Elles devaient penser que je m'apprêtais à m'envoyer en l'air avec le patron et sa nouvelle petite amie. Je pouvais déjà imaginer les rumeurs et les commérages qui allaient circuler dans les couloirs du club.

L'affaire devenait de plus en plus délicate pour moi, et cela annonçait des jours difficiles.

Je passai devant Shawn, qui détourna le regard en me voyant arriver. Inutile de lui dire que je m'apprêtais à donner un cours de strip-tease à la nouvelle femme du patron.

Adam avait déjà ouvert le rideau de la *red room* de manière triomphale, tel un empereur romain qui franchit les portes de son palais.

– Après vous, mesdames !

Mon cœur battait la chamade à mesure que je m'avançais dans la pièce. Je commençai à remarquer des détails qui me firent douter de la spontanéité de la situation. Des bougies étaient soigneusement disposées, projetant des ombres dansantes sur les murs tendus de velours pourpre.

Des pétales de roses étaient éparpillés sur le sol et recouvraient l'immense canapé en forme de bouche, créant un tableau érotique.

Sur une table basse à proximité, le champagne, débouché, n'attendait plus qu'à être servi. Tout avait été calculé, et je ne pus m'empêcher de m'en vouloir de ma naïveté.

Comment n'avais-je pas vu venir ce guet-apens ?

Adam prit la parole avec une décontraction qui me laissa sans voix.

– Bien, c'est moi le patron ici, dit-il d'un ton détendu, donc bien entendu, je coupe les caméras. Comme ça, il n'y a plus que nous trois, et on peut faire tout ce que l'on veut ! Quelqu'un a faim ? Je peux nous faire livrer des pizzas.

La surprise me figea sur place. La manière dont il abordait la situation était déconcertante. Il agissait comme si tout cela était parfaitement naturel, comme si nous étions en train de passer une soirée entre amis.

La réalité me rattrapa rapidement. J'étais sur mon lieu de travail, coincée dans une pièce avec mon patron et sa prétendue petite amie. Les pétales qui jonchaient le sol, l'atmosphère sensuelle, tout cela me donnait davantage l'impression d'être dans un club échangiste. La différence majeure, c'était que je n'avais rien à échanger. Je me sentais comme un produit de consommation, une marchandise dans un magasin érotique.

Son regard sur moi respirait l'envie, et il était évident qu'il était là pour assouvir ses fantasmes. Alexandra, quant à elle, semblait prête à tout pour lui faire plaisir, prête à se plier à ses moindres désirs. Je voyais la soumission dans son regard.

Mon rôle était de rester professionnelle et de faire comme si je n'avais pas perçu toute cette mise en scène.

Je pris une inspiration profonde pour calmer mon propre malaise et je demandai d'un ton aussi neutre que possible :

– Alexandra, j'ai une heure pour vous apprendre les bases du strip-tease. Pour commencer, choisissez une musique qui vous mettra à l'aise.

Cependant, Adam avait d'autres plans en tête. Il répondit d'un ton provocateur :

– Allons, Laly, la meilleure manière d'apprendre c'est de regarder ! Nous resterons assis sur ce canapé, et tu vas nous montrer ton art. J'ai envie de voir ce que tu offres aux clients. Vu les sommes que tu rapportes, tu dois bien avoir quelques secrets, n'est-ce pas ?

Je répliquai, légèrement ironique :

– Je pensais avoir déjà passé une audition il y a cinq ans…

Il insista, de manière plus autoritaire :

– Recommence, alors.

Le ton était donné, et il était évident qu'Alexandra allait aussi devenir un pion dans ce jeu que nous étions en train de jouer.

Je savais que je devais réagir rapidement, mettre en place une stratégie pour garder le contrôle de la situation tout en évitant de contrarier le patron. J'allais devoir user de psychologie pour tenir une heure, sans mettre en péril ma position au club.

Je décidai d'utiliser Alexandra comme une alliée potentielle. Mon objectif était de me focaliser sur elle, d'essayer de créer un lien, et j'espérais qu'une forme de solidarité féminine pourrait naître entre nous.

Cependant, plus je l'observais, plus je percevais qu'elle était complètement sous le joug d'Adam. Il était évident qu'il exerçait une emprise puissante sur elle.

J'ai appris au fil des années dans ce milieu que les hommes autoritaires cherchent souvent une femme qui l'est tout autant, voire davantage. C'est peut-être ce que Adam appréciait en moi, mon côté femme forte, non impressionnable, imperturbable. Il semblait rechercher le défi, la confrontation, et il avait peut-être trouvé en moi une adversaire à sa mesure.

Je me postai devant Alexandra et Adam, les regardant droit dans les yeux.

– D'accord, puisque nous sommes ici pour apprendre, je vais vous montrer comment faire. Mais il y a des règles dans ce genre de jeu. La première règle, c'est que c'est moi qui dirige ici, vous allez devoir écouter attentivement et suivre mes instructions à la lettre.

J'avais toute leur attention, Adam souriait, satisfait de la tournure que prenaient les événements, tandis qu'Alexandra semblait de plus en plus nerveuse. Je sautai sur l'occasion en ajoutant :

– Y a-t-il des limites que tu ne veux pas franchir, Alexandra ?

En prononçant le mot « limites », je suscitai une certaine appréhension dans son esprit quant à ce qui pourrait se passer. Je lui offrais l'occasion de définir mes propres limites. C'était une stratégie astucieuse pour reprendre le contrôle.

Elle répondit, un peu hésitante :

– J'aimerais que tu fasses ce strip-tease uniquement pour moi, Adam ne fera que regarder.

Mon plan fonctionnait à merveille. Il était clair qu'il ne la contredirait pas, de peur de passer pour un goujat aux yeux de sa nouvelle conquête.

Je jubilai en voyant l'expression de triomphe sur le visage du patron se transformer en déception. J'étais désormais en sécurité. Certes, l'idée de faire un strip-tease à sa petite amie ne m'enchantait guère, mais au moins je n'aurais pas à subir les tentatives de mains baladeuses du boss sur mon corps.

– Qu'il en soit ainsi, dis-je en m'avançant pour me positionner juste devant Alexandra, laissant Adam seul sur un coin du canapé.

– Je vais te faire une démonstration de l'art de l'effeuillage. L'objectif est de susciter du désir chez l'autre, mais il est essentiel de se rappeler que nous sommes dans un strip-club, ce qui signifie que les règles sont strictes. Les activités intimes avec les clients sont strictement interdites, c'est une règle non négociable.

Je tournai mon regard vers Adam, attendant qu'il confirme mes paroles.

Il semblait désemparé et je savourai le moment. Il était maintenant dans l'obligation de se plier aux règles du jeu, même s'il ne les appréciait visiblement pas.

Mon aplomb et mon assurance semblaient les avoir déstabilisés. Ce qui était exactement ce que je cherchais.

Adam, visiblement contrarié, finit par marmonner :

– Oui, c'est exact, Laly, tu as raison. Les règles sont là pour être respectées.

Pour détendre l'atmosphère, je décidai d'adopter un ton plus léger.

– Parfait ! Maintenant que nous avons les règles du jeu bien en tête, passons à la première leçon. Choisissez une chanson que vous aimez, Alexandra. La musique joue un rôle essentiel dans un strip-tease.

Elle parut soulagée par le changement de ton. Elle sélectionna une chanson, et je me préparai mentalement à la guider de manière professionnelle.

Je remarquai qu'Adam semblait complètement désintéressé. Son visage reflétait la déception, son plan venait de tomber à l'eau.

J'eus soudain une idée diabolique. Et si je m'amusais un peu avec lui ? Histoire de lui donner une leçon qu'il n'oublierait pas de sitôt…

Alexandra avait l'air tellement accrochée à lui qu'il serait facile de déclencher une crise de jalousie, et ainsi écourter toute cette mascarade.

Avec un sourire malicieux, je dis :

– Peut-être devrais-je te donner un aperçu de ce que j'offre aux clients ! Après tout, c'est mon métier !

Je commençai à danser lentement, m'approchant de lui, mes mouvements sensuels le captivant. Il semblait à la fois surpris et fasciné par ce revirement de situation. Je lui murmurai d'une voix mielleuse, tout en continuant à danser à quelques centimètres de lui :

– Est-ce que je passe une nouvelle audition, boss ?

Il tenta de parler, mais sa voix se brisa.

– Laly, je… c'est… inattendu.

Ses mots étaient hésitants, reflétant son trouble.

Je m'approchais davantage de lui, lui laissant presque sentir mon souffle sur son visage, mes doigts frôlant sa chemise, jouant avec les limites de la décence.

– Inattendu, peut-être, mais sûrement pas décevant, ajoutai-je, pour le défier.

Ma danse s'intensifiait, je fis glisser mes mains le long de mon corps, effleurant chaque courbe de manière suggestive, tout en gardant un regard fixé sur lui. Mon sourire taquin ne le quittait pas, alimentant la tension sexuelle dans la pièce.

Adam semblait désorienté, des gouttes de sueur commençaient à perler sur son front, glissant lentement le long de ses tempes. Ses yeux, d'abord fuyants, étaient désormais rivés sur moi.

Je m'approchai davantage de lui, laissant ma présence envahir tout son espace, sa respiration était devenue irrégulière, trahissant sa lutte intérieure pour garder une contenance. Sa chemise commençait à coller à son torse.

Je sentais sa vulnérabilité grandir à chaque instant, et cela me donnait un sentiment d'ivresse. J'étais la maîtresse de jeu, je le tenais dans le creux de ma main.

Pendant ce temps, Alexandra était de plus en plus mal à l'aise, se demandant où tout cela la conduirait. Elle finit par intervenir, sa voix tremblante de nervosité :

– Pourquoi tu la regardes autant, Adam ?

– Alexandra, c'est juste une danse, rien de plus.

– Ne t'en fais pas, c'est juste un cours de strip-tease. Vous êtes mes élèves ce soir, les provoquai-je.

Je continuai à danser de manière suggestive autour d'Adam, le mettant dans une situation de plus en plus inconfortable. J'avais réussi à créer un climat de rivalité entre les deux.

– Ce n'est pas ce que nous avions prévu, Adam…

– C'est simplement une leçon. Ne te fâche pas.

C'était un jeu dangereux, mais je m'en délectais. Je m'approchai d'Alexandra, prenant son visage délicatement entre mes mains pour l'apaiser, et lui murmurai à l'oreille :

– Tout va bien, ne vous disputez pas à cause de moi. Je suis là pour vous deux.

Je décidai de changer de cible, de manière à montrer clairement qu'il ne bénéficiait d'aucun traitement spécial. L'objectif était de prouver à Adam que je n'étais là que pour effectuer mon travail et que je n'étais pas intéressée par lui.

À mesure que je dansais pour Alexandra, je pouvais sentir un changement dans l'atmosphère de la pièce.

Ses muscles semblaient se relâcher lentement, et un regain d'énergie se faisait ressentir en elle. Il était clair que ce moment était pour elle une opportunité de prendre le contrôle de la situation, de se venger d'une certaine manière. J'étais toujours l'objet d'une lutte de pouvoir entre eux.

Je continuais à danser autour d'Alexandra, l'effleurant délibérément, tout en laissant croire à Adam que j'étais à sa disposition. Mon jeu subtil de séduction et de manipulation semblait fonctionner à merveille.

Alexandra commença à s'agiter de plus en plus sur son fauteuil, ne sachant pas quoi faire.

– Adam, tu ne vois pas à quel point cela me met mal à l'aise ?

– C'est toi qui as voulu un strip-tease ! Pas moi ! Je ne comprends pas pourquoi ça te dérange autant maintenant, répondit Adam sur la défensive.

– Parce que tu la regardes comme si elle était la seule femme au monde ! C'est humiliant.

– Tu dramatises, c'est juste une danse.

Comprenant qu'Alexandra atteignait ses limites, je fis mine d'être compréhensive envers elle.

– Excuse-moi, je ne voulais pas te mettre mal à l'aise. Nous pouvons arrêter si tu le souhaites.

Elle se leva brusquement, une expression de colère et de frustration sur le visage. La voix brisée, elle ajouta :

– Je ne peux pas rester ici. Je suis désolée, mais je ne peux pas supporter ça.

Sans un regard en arrière, elle quitta précipitamment la pièce, laissant Adam abasourdi, et moi, avec un air faussement préoccupé.

– Oh, non, elle a l'air vraiment contrariée. Je suis navrée, je ne voulais pas que ça se passe ainsi.

Adam était désemparé.

– Ce n'est pas ta faute, Laly. Je ne m'attendais pas à ce que cela dégénère de la sorte.

Je me penchai légèrement en direction d'Adam et ajoutai d'une voix ironique :

– Qui aurait cru qu'un cours de strip-tease serait aussi éclairant ? Je suppose que cela prouve une fois de plus que le travail et les relations personnelles sont comme l'eau et l'huile, ils ne se mélangent tout simplement pas.

Adam, secoué par la situation, hocha la tête, semblant enfin comprendre le message sous-jacent. La tension était palpable, et je décidai de mettre fin à cette leçon improvisée.

– Je te laisse reprendre le contrôle de la situation. Tu devrais la rejoindre, t'assurer qu'elle va bien.

Puis d'un geste théâtral, je sortis les billets de mon sac et les posai négligemment sur la table au milieu du champagne et des pétales de fleurs qui avaient perdu de leur fraîcheur.

– Je te rends tes 1 000 dollars, vu que ce cours a viré au fiasco, ajoutai-je, arborant un sourire espiègle alors que je m'éloignais vers la sortie, laissant derrière moi un Adam désemparé.

Je retrouvai Shawn, qui était posté à proximité, attentif à ce qui se passait.

– Ma soirée est vraiment compliquée. J'en ai assez de devoir gérer ce genre de situation tout le temps, lui confiai-je d'un ton las.

– C'est vrai, ça doit être épuisant à la longue. Je ne sais pas comment tu fais pour garder ton sang-froid.

– Parfois, je me demande si tout ça en vaut vraiment la peine, avouai-je en soupirant, toutes ces complications, ces jeux de pouvoir, cette pression constante. Peut-être que je devrais envisager de changer de vie, de quitter ce club.

À ce moment-là, j'entendis le DJ annoncer que j'étais la prochaine sur la scène.

– Prends une grande inspiration et retourne faire ce que tu fais de mieux. Tu as déjà gagné cette manche, à en juger par la tête du patron.

Je souris malgré moi :

– Tu as raison, je vais y retourner. À plus tard Shawn.

Alexandra se tenait au bout du couloir sombre, dissimulée dans l'obscurité, déterminée à m'affronter. Ses poings étaient serrés, et chaque muscle de son corps semblait tendu, prêt à passer à l'action. Il était clair qu'elle n'allait pas lâcher l'affaire.

J'avançai vers elle, sachant que cette confrontation était inévitable.

– Laly, je ne suis pas si stupide que ça, tu sais. J'ai bien vu qu'il se passait quelque chose entre toi et Adam. Vous avez une histoire, c'est ça ?

Je la regardai avec un léger sourire en coin.

– Oh, tu es perspicace. On a effectivement une histoire... de patron et employée. Rien de bien romantique, je t'assure. Mon job, c'est de danser, pas de voler le cœur des clients.

Je tentai de paraître rassurante malgré le tourbillon d'émotions qui me traversait. Mon sourire dissimulait mal la frustration et la lassitude qui m'envahissaient. Tout ce travail commençait à me peser sérieusement.

Entre les conflits avec les clients, les tensions avec le patron et maintenant cette nouvelle petite amie jalouse, j'étais au bord de la rupture. Il était de plus en plus difficile de jongler avec les désirs et les émotions de chacun.

Tout ceci devenait insupportable et je songeai sérieusement à prendre mes distances pour mon bien-être.

– Je vais garder un œil sur toi, Laly.

– Bien sûr, tu ferais mieux de garder un œil, deux oreilles, et peut-être un troisième bras, au cas où. Qui sait ce que ces patrons de strip-clubs peuvent faire, hein ?

– Ne te moque pas de moi. Je sais ce qui se passe ici, et je ne vais pas laisser qui que ce soit se rapprocher de mon Adam.

Je haussai un sourcil, l'air légèrement amusé :

– Et que se passe-t-il ici, selon toi ? Tu penses que toutes les danseuses passent l'audition dans le bureau du patron ? Pour être honnête, probablement quelques unes, c'est un club de strip-tease, après tout. Certaines sont prêtes à tout pour décrocher une place. Mais tu t'adresses à la mauvaise personne. Si tu as des comptes à régler, c'est avec lui que tu devrais le faire, pas avec moi.

Elle projetait ses propres insécurités sur moi, me voyant comme une menace directe, une figure à diaboliser pour justifier ses actions.

Elle me fixa avec un regard féroce :

– Ne crois pas que tu vas t'en tirer comme ça, Laly. Je vais tout faire pour que tu quittes ce club. Tu n'auras plus la belle vie ici, je te le promets.

– Oh, je suis certaine que tu vas essayer. Bonne chance avec ça. Maintenant, tu m'excuses, je dois passer sur scène.

J'entendis au loin le rappel insistant du DJ qui annonçait mon nom pour la deuxième fois. Je m'empressai de descendre les escaliers et de grimper sur scène.

Les projecteurs m'éblouirent, la musique enveloppa le chaos qui régnait dans ma tête.

Les regards brûlants du public me rappelèrent la raison pour laquelle j'étais ici, pourquoi je tolérais ces situations complexes.

C'est un prix élevé à payer, celui d'être constamment considérée comme un objet de désir, d'être instrumentalisée pour le plaisir d'autrui. Mais en même temps, il y a tout cet argent, ce sentiment éphémère de pouvoir, cette liberté illusoire. C'est un jeu que je joue chaque soir, une danse entre le désir et la manipulation.

Elle me fixait, Adam à ses côtés, son corps serré contre le sien, mais je savais déjà qu'elle avait perdu cette partie. Il se séparerait d'elle à la fin de la soirée, comme à chaque fois qu'il ramenait l'une de ses conquêtes au club. C'était une routine, un cycle sans fin dans lequel j'étais prise malgré moi. Mais pour l'instant, sous ces projecteurs, je continuais de danser.

Adam se rapprocha de la scène, un frisson parcourut mon échine alors que je devinai son intention. Il plongea sa main dans sa poche et en sortit une liasse de billets.

Les 1 000 dollars. D'un geste théâtral, il les lança sur la scène, les billets s'envolèrent en tournoyant avant de retomber sur moi. Je ressentis toute la charge de ce geste calculé. Il cherchait délibérément à me mettre dans une situation inconfortable, à alimenter les discussions et les rumeurs. Piégée dans son jeu de pouvoir, j'étais prise en étau entre le désir de garder mon aplomb et une amertume grandissante.

C'était son club, sa scène, et il venait de me rappeler avec force et publicité qui était le maître ici.

# – 19 –

## *Halloween party*

Le 20 octobre est une date essentielle dans l'univers d'Adam, où son obsession pour Halloween prend le contrôle.

Une soirée qu'il réserve au personnel du club, où danseuses, barmans, managers, et tout le reste de la famille peuvent se laisser emporter par sa passion dévorante.

Adam est comme un enfant qui attend Noël, mais au lieu de cadeaux emballés, il déballe un monde de cauchemars et de délices effrayants.

Chaque année, il planifie cette soirée comme s'il créait une œuvre d'art éphémère. Il s'investit dans chaque détail, chaque aspect de la décoration, comme si sa vie en dépendait.

En poussant les portes du club ce soir-là, je me demande quel spectacle hallucinant Adam nous réserve cette fois.

Les ténèbres sont éclairées par des guirlandes de citrouilles lumineuses, qui projettent des ombres sur les murs. Des chauves-souris factices pendent du plafond, prêtes à prendre leur envol à tout moment. La piste de danse, habituellement arrosée de lumières éclatantes, est maintenant éclairée par une lueur vacillante.

Au sol rampe une fumée artificielle, enveloppant mes chevilles comme des doigts glacés.

Des décorations sinistres se sont emparées des piliers, des visages de clowns figés dans des expressions menaçantes semblent suivre chacun de mes mouvements de leurs yeux sans vie. Des poupées aux regards vides pendent dans des cages, leurs corps inertes se balancent doucement comme des marionnettes abandonnées.

Je me hâte vers les loges, pas très rassurée. En traversant le couloir, je remarque des affiches placardées sur les murs :

*« NE COURS PAS ! C'est dangereux pour tout le monde. De plus, nous sommes plus rapides et tu mourras simplement fatiguée. »*

*« Ne sois pas une pleurnicharde. Tu as 79 % de chances de t'en sortir sans dommage corporel permanent. »*

*« Nous promettons de ne pas vous faire de mal. Si vous êtes gentilles… »*

Je me demande ce que cela signifie exactement, mais la curiosité l'emporte sur l'appréhension.

Les loges, d'ordinaire un refuge tranquille, semblent elles aussi affectées par la transformation macabre du club.

Les filles, habituées aux paillettes et aux costumes de scène, ont cette fois-ci revêtu des déguisements plus élaborés que jamais.

Sorcières aux visages pâles, vampires aux crocs scintillants, zombies aux vêtements déchirés, tous se préparent avec une excitation palpable.

En ouvrant mon casier, je découvre une enveloppe noire posée délicatement sur mes affaires. À l'intérieur, une note griffonnée à la hâte : *« Ce soir, tout est permis. Laisse-toi emporter par la magie d'Halloween. »*

Ce soir, j'ai choisi d'incarner une femme fatale, digne des cabarets clandestins des années 1920. Une robe noire ornée de franges agrémentées de perles, et une plume dans les cheveux comme accessoire, avec un maquillage sophistiqué. Un choix vestimentaire qui me permet de rendre un discret hommage à l'histoire de ce club.

Cette soirée s'annonce prometteuse, et j'ai hâte de m'amuser ! Je me dirige avec les autres filles à l'étage, où la fête bat son plein. Le maître de cérémonie y trône au centre. Son costume excentrique reflète parfaitement son esprit déchaîné. Il a enfilé une combinaison que l'on dirait faite de peau humaine, des lambeaux de chair cousus de manière inégale qui créent une texture inquiétante, véritable patchwork de tissus humains qui s'étendent sur l'ensemble de son corps. Des veines peintes en rouge serpentent sur la surface, ajoutant une touche organique et sinistre à l'ensemble.

Mais c'est son masque qui domine par son aspect terrifiant : un visage mi-humain, mi-animal, où la peau semble fondre pour laisser place à une gueule déformée. On dirait une créature à mi-chemin entre l'homme et la bête, figée dans une expression de douleur et de folie, comme si elle hurlait en silence.

En croisant son regard, j'ai un frisson en constatant l'élargissement excessif de ses pupilles. Quelque chose altère sa perception de la réalité. Son comportement débridé et ses yeux dilatés me font soupçonner qu'il a choisi de pimenter la soirée d'une dose de cocaïne.

Alors que je me fraye un chemin à travers la foule, Adam remarque mon arrivée. Son regard se teinte maintenant d'une lueur malsaine. Un sourire tordu déforme ses lèvres lorsqu'il s'approche de moi.

– Mesdames et messieurs, regardez qui est là ! Notre petite Française, star de ce club ! déclare-t-il d'une voix stridente, attirant l'attention de tous. Portons un toast à cette nuit d'Halloween ! Double shot pour tout le monde. Il fait un signe de tête au barman qui s'exécute.

Le bruit des verres qui s'entrechoquent remplit l'air, mais le mien reste vide.

Son regard se fixe de nouveau sur moi. Il lève son verre dans ma direction, un sourire carnassier aux lèvres.

– Tu vas boire autre chose que de l'eau ce soir, c'est un ordre, lance-t-il d'une voix qui déchire l'atmosphère.

Il attrape une bouteille de vodka sur le comptoir et s'avance vers moi avec une assurance déconcertante.

Une énergie étrange s'empare des danseuses, et elles se mettent à encourager Adam en tapant des mains et en scandant mon nom à haute voix.

– Tu vas boire, me dit-il, sa voix résonnant comme une sentence dans la salle, devenue soudainement hostile.

La pression monte d'un cran, et je me retrouve au centre d'une attention indésirable.

– Je ne boirai pas, dis-je en reculant.

– Tu me fatigues avec tes airs de princesse. Tu es ici chez moi, et tu vas faire ce que je veux !

Les encouragements des filles se transforment en une cacophonie assourdissante, resserrant l'étau autour de moi. Je me sens prise au piège.

Adam s'avance, la bouteille de vodka toujours à la main.

– Obéis, murmure-t-il.

La pièce tout entière retient son souffle, comme suspendue dans l'attente de la conclusion inéluctable de ce duel. Les visages des danseuses, maintenant déformés par l'excitation et la cruauté latente, ajoutent à mon stress.

Je me rappelle à cet instant les mots de Bunny : « Nous formons une famille, ici, quand l'une de nous est en difficulté, c'est à nous toutes de l'aider. » Tu parles d'une famille…

Défiant l'atmosphère tendue, je m'approche de son visage et soulève son masque, plongeant mes yeux dans les siens. D'une voix ferme et douce à la fois je murmure :

– Menace-moi encore une fois, et la Française n'hésitera pas à porter plainte à la police.

Je replace le masque sur son visage, un sourire aux lèvres.

– Tu n'oserais pas, me défie-t-il les yeux brillants de colère.

– C'est là où tu te trompes, Adam, répliqué-je avec une détermination tranquille.

L'ambiance devient glaciale, toutes les danseuses sont suspendues à la réaction du patron.

Il attrape un élastique dans sa poche et me le claque sur la cuisse à plusieurs reprises tel un gamin en rébellion. Je ne bronche pas, et garde mon regard fixé sur le sien.

Vexé, il se détourne de moi, à la recherche d'une autre cible pour déverser son agacement.

Ses yeux se posent sur Lola, la petite nouvelle à peine âgée de dix-huit ans, innocente et inconsciente de la tempête qui s'approche.

Elle est en train de danser, ses mouvements attirent Adam, véritable prédateur en cet instant.

Autour d'eux, la soirée a repris son cours, et le vacarme de la musique se mêle aux rires de cette grande famille du Paradise.

Adam s'approche de Lola, ses intentions perverses suintent de son regard. Les autres danseuses, conscientes du danger mais impuissantes, continuent de danser, de boire, leurs yeux balayent furtivement la scène. Le devoir de solidarité évoqué par Bunny semble bien fragile, prêt à se briser sous le poids de la menace que représente le patron.

Il me fait signe de le rejoindre devant la scène, alors qu'il la regarde exécuter des figures de pole dance. Elle a consommé de l'alcool et semble complètement désinhibée. Il me tend une liasse de billets et me demande de la *tiper*.

– Pourquoi tu ne le fais pas toi-même, Adam ? Qu'est-ce que tu cherches ? demandé-je d'un ton ferme.

– Je te l'ai déjà dit, c'est toi que je veux, répond-il, ses yeux brûlant d'une détermination inquiétante. Donne-lui l'argent, maintenant. Je suis encore le patron ici, et les filles me respectent. Toutes, sauf toi, qui te crois au-dessus des règles.

– Je ne joue pas à tes jeux, tu n'as aucun pouvoir sur moi, répliqué-je, sentant la tension monter.

Son regard se durcit.

– Regarde Lola. Je n'ai qu'à claquer des doigts pour qu'elle fasse ce que je veux. Tu veux voir jusqu'où je peux aller ?

– Non, ça ne m'intéresse pas, je vais partir. Tu as gâché ma soirée.

Je me dirige vers les toilettes et ferme la porte derrière moi. Quelle nuit ! Il n'est pas dans son état normal, et il vaut mieux que je parte avant que tout cela ne dégénère.

Je tourne le robinet et m'asperge le visage d'eau froide. *Ressaisis-toi*, me dis-je à moi-même. Le miroir me renvoie un visage fatigué. J'en ai marre de tout ça. Sérieusement, combien de fois devrai-je gérer ce genre de folies avant de craquer ?

Je pousse une des cabines, l'envie d'uriner devenant urgente.

Fermer cette satanée serrure usée par des années de mauvais traitement est un véritable exploit. *Génial, je suis coincée dans une boîte à microbes.*

L'odeur familière d'eau de Javel et de désinfectant flotte dans l'air, masquant à peine les relents désagréables de la soirée. À ce stade, même les toilettes semblent conspirer contre moi.

Je relève mon costume avec difficulté, tâchant de ne pas l'abîmer. Faire pipi en squat au-dessus de cette cuvette douteuse est une véritable séance de fitness. *Quelle galère!* pensé-je en équilibre précaire, perchée sur mes talons.

Bien entendu, il n'y a plus de papier toilette, et je m'acharne à faire tourner ce gros rouleau de carton espérant attraper une petite feuille, en vain. *Évidemment*, soupiré-je. J'attrape mon sac, à la recherche de mouchoirs, quand soudain l'obscurité s'abat et engloutit la pièce. Un frisson parcourt ma colonne vertébrale, et mon cœur s'emballe, comme s'il pressentait quelque chose d'inhabituel. Les sons étouffés de la fête résonnent comme des échos lointains, créant un contraste étrange avec le silence oppressant qui m'entoure.

Immobile sur mes talons, mes mains cherchent à tâtons le verrou de la porte. Mes sens sont en alerte, la sensation d'être observée, scrutée, grandit en moi.

Les secondes semblent s'étirer en une éternité. Une voix intérieure me murmure que quelque chose ne va pas, que ce n'est pas une simple farce. Mon imaginaire s'éveille, surgissent alors des visions indistinctes et des formes insaisissables.

Mes oreilles, tendues comme des antennes, captent le moindre son, et c'est alors que la réalité de ma situation se cristallise.

Un souffle, à peine audible mais distinct, caresse l'air. La respiration régulière d'une présence indéfinissable résonne dans l'espace confiné des toilettes. Un frisson d'appréhension me parcourt, éveillant mes instincts les plus primaires. Au milieu de cette obscurité dévorante, je ressens la présence imminente du danger. L'angoisse de ne pas savoir, de ne pas voir, transforme chaque seconde en un supplice insoutenable.

Je ne suis pas seule, il y a quelqu'un d'autre.

Mes mains moites, en quête frénétique de repères, effleurent les parois froides des murs autour de moi.

– Adam, c'est toi ? murmuré-je dans l'obscurité, espérant une réponse rassurante.

Aucun son ne me parvient en retour.

Mes mains tremblantes se dirigent instinctivement vers la poignée, chaque millimètre parcouru dans un silence oppressant.

Alors que la porte s'ouvre lentement, un mince filet de lumière éclaire l'intérieur des toilettes. Mes yeux s'ajustent péniblement à la pénombre de la pièce exiguë, rencontrent un miroir suspendu au-dessus du lavabo. Dans l'obscurité, le reflet déformé me renvoie l'image de quelqu'un.

Adam.

Je tente de maîtriser ma respiration, de dépasser l'irrationalité de la situation. Mon esprit, conditionné par des années d'entraînement policier, cherche des solutions.

Il est là, derrière moi, dans le miroir, plus proche que jamais. L'idée de me retourner pour faire face à cette incarnation d'Halloween me glace le sang.

Je me rappelle un mantra pour les situations tendues : rester calme, évaluer les options, agir avec détermination.

Mon regard évite le reflet terrifiant, se pose sur la porte. C'est ma seule voie de sortie, et je dois la saisir maintenant.

Poussée par l'instinct de survie, je me retourne brusquement, prête à lui faire face et à fuir.

Mais rien. L'endroit où il aurait dû se trouver est vide. La lumière de l'extérieur filtre à travers la porte, mais son ombre a disparu.

Un frisson d'incompréhension parcourt mon échine. Où est-il passé ? La tension subsiste dans l'air. Un instant, j'envisage la possibilité que cela ait été une hallucination, une vue de mon esprit sous l'emprise de la peur.

Mais alors, un chuchotement s'élève dans l'obscurité :

– As-tu oublié les règles ? « Ne cours pas », et surtout « Nous promettons de ne pas vous faire de mal si vous êtes gentilles. »

C'est la voix d'Adam, mais elle semble venir de toutes les directions.

Mon cœur, qui avait brièvement repris un rythme régulier, s'emballe à nouveau. Je suis devenue une proie, prise au piège d'une toile d'araignée invisible. Mes pensées s'entrechoquent, je cherche à comprendre la signification de ces règles. Suis-je dans une partie de son jeu tordu d'Halloween, ou bien quelque chose de plus terrifiant ?

La tentation de fuir me pousse vers la porte. Au lieu de cela, je reste immobile, mes yeux scrutant chaque coin, chaque ombre. Les règles du jeu sont posées, et je dois maintenant jouer ma propre carte avec prudence.

– Adam, tu pousses le jeu un peu trop loin, tu ne crois pas ? tenté-je de le sonder.

– Tu as peur ? Viens dans mes bras, je vais te faire un câlin.

Une proposition pleine d'une ironie malsaine.

Soudain, sans que j'aie le temps de réagir, il se jette sur moi et me plaque au sol.

Le choc contre le carrelage froid m'arrache un cri. Je tente de le repousser, mais ses doigts serrés autour de mes poignets me maintiennent, je suis impuissante. La froideur du sol transperce mes vêtements, accentuant la réalité brutale de la situation.

– Adam, arrête ça maintenant !

Ma voix résonne, à la fois ferme et paniquée.

Son visage masqué et déformé par l'obscurité se penche vers moi.

– Tu le désires, n'est-ce pas ? susurre-t-il.

– Tu délires complètement ! Lâche-moi ! crié-je, luttant contre sa poigne implacable.

– Tu as toujours aimé les jeux dangereux, je t'ai cernée, délire-t-il, ignorant mes supplications.

– Je ne joue pas à tes jeux, Adam, laisse-moi partir !

Ma voix tremble, empreinte de colère et de terreur.

Il rit.

– Tu ne sais même pas ce que tu veux, moi je le sais, je le sens.

Ses mains serrent mes poignets plus fort encore contre le sol glacial qui m'engloutit, il se penche davantage, son visage masqué à un centimètre du mien.

– Tu ne comprends pas, tu es à moi. Halloween nous offre une excuse parfaite, n'est-ce pas ?

Je peux sentir son haleine chargée d'alcool. Mes pensées s'affolent, cherchant frénétiquement une issue.

– Adam, écoute-moi, si tu fais ça, tu détruis tout ce que tu as construit ici. Ton club, ta réputation. Je suis certaine que tu n'as pas envie d'en arriver là. Et puis franchement, faire ça dans des toilettes, tu m'excuseras, je suis peut-être un peu trop française, mais ça ne va pas être possible. Ce n'est pas très excitant.

J'essaie de changer son raisonnement, de trouver une faille dans son délire.

Il semble hésiter un instant, relâche la pression autour de mes poignets.

Mes yeux balayent la pièce à la recherche d'une opportunité. La porte est encore loin, mais je dois essayer. Profitant de son hésitation, je tire violemment mes poignets de son emprise, je me relève, et bondis vers la porte avec une rage surhumaine. Ma main atteint la poignée, et je m'échappe dans le couloir illuminé, traversant la foule costumée sans que personne ne me remarque.

C'est Halloween ! Rien de bizarre à voir quelqu'un courir terrifiée. C'est une nuit où l'anormalité est la norme.

Je dévale les escaliers en direction des vestiaires, vite, il faut que je récupère mon sac dans mon casier, mes clés de voiture sont à l'intérieur.

Les lumières stroboscopiques du couloir m'éblouissent tandis que je m'élance, abandonnant mes talons pour courir plus facilement.

Chaque seconde semble durer une éternité, mais la porte des loges se dessine enfin devant moi. Mes mains tremblantes agrippent la poignée et je m'engouffre à l'intérieur, refermant la porte avec un soupir de soulagement. L'ambiance tamisée des loges est un refuge bienvenu après l'horreur vécue dans les toilettes.

Chaque bruit dans le couloir me fait sursauter.

Je m'empresse de récupérer mon sac et, en me retournant, je le vois. Il est là depuis le début. Il a dû emprunter les escaliers de secours.

Mon cœur s'emballe à nouveau, mon corps se tend.

– Sérieusement, tu croyais vraiment que j'allais te faire du mal ? C'était juste pour te faire peur, tu sais, jouer le rôle du monstre d'Halloween, me dit-il avec un sourire moqueur.

Je ne sais plus quoi penser dans la confusion de la situation. D'un côté, la peur profonde que j'ai ressentie, l'instinct primal de survie, et de l'autre, ses paroles tentant de rationaliser l'irrationnel. J'essaie de calmer les battements frénétiques de mon cœur.

– C'est quoi ton problème, Adam ? Ce n'est pas drôle du tout, tu as vraiment dépassé les limites.

Tout en disant cela, j'essaie de masquer mon anxiété.

– Je pensais que tu aimais les sensations fortes, me dit-il en haussant les épaules, comme s'il s'agissait simplement d'un malentendu. C'est Halloween, tout le monde est censé avoir un peu peur, non ?

Son ton est léger, mais quelque chose dans son regard me met mal à l'aise. Je me demande si tout cela était vraiment un jeu, ou si je suis en train de sous-estimer ses véritables intentions.

– Tu n'as pas à t'inquiéter, c'était juste une blague, une mise en scène effrayante pour pimenter la soirée. Rien de sérieux, je te promets, insiste-t-il avec un sourire désinvolte.

Ses justifications peuvent sembler plausibles, cependant quelque chose au fond de moi refuse de croire à la sincérité de ses excuses.

Les masques d'Halloween peuvent être effrayants, mais parfois, les visages qu'ils cachent le sont bien plus encore.

Je décide de jouer le jeu, feignant de le croire pour trouver une opportunité de m'échapper rapidement.

– Tu m'as vraiment surprise. C'était… effrayant.

Adam rit :

– C'était le but non ? Faut s'amuser un peu.

J'essaie de paraître détendue.

– C'était amusant. Bon, je vais rentrer, je suis un peu fatiguée.

– D'accord, rentre bien, et n'oublie pas, c'était juste pour s'amuser, ajoute-t-il avec sourire.

– Ouais, ouais, je sais. À la prochaine, Adam.

J'accélère le pas, sors par la porte des artistes et laisse derrière moi l'atmosphère pesante d'Halloween. La nuit est froide, un vent glacial pénètre mes vêtements et me fait frissonner.

Mes clés cliquettent dans ma main tremblante alors que je m'approche de ma voiture. Je m'engouffre à l'intérieur et verrouille les portes, cherchant refuge dans l'habitacle sécurisé.

Là, je laisse échapper un soupir de soulagement. Mes mains encore agitées laissent tomber les clés sur le siège passager. La frayeur commence à se dissiper, mais l'adrénaline continue de pulser dans mes veines. Je redescends lentement.

Je reste assise un moment, le téléphone entre mes mains, l'envie de composer le numéro de la police frémit dans mes doigts, mais une voix intérieure me retient.

Après tout, qu'est-ce que je pourrais vraiment dénoncer ? Une blague d'Halloween qui a mal tourné, ou quelque chose de plus sombre ?

Les mots d'Adam résonnent dans ma tête : *« Halloween nous offre une excuse parfaite. »*

Ils suscitent le doute, créent une brèche dans ma certitude. Ai-je réellement été en danger ?

Je m'efforce de prendre une profonde inspiration, de chasser l'angoisse qui serre ma poitrine. Le rétroviseur intérieur me renvoie un visage fatigué.

Je commence à réfléchir calmement, réalisant que cela ne mènera à rien. Au fond, rien de grave ne s'est produit. J'ai eu la peur de ma vie, je me suis enfuie, et lui est venu me dire que c'était simplement une blague. Il est venu se justifier, et même si je sais ce qu'il s'est passé, il semble que je doive jouer la comédie, et retourner danser comme si de rien n'était.

Il est temps de passer à autre chose, je prends la décision de garder cela pour moi.

Naviguer dans cet univers signifie jongler constamment entre la puissance exposée sur scène et la vulnérabilité dissimulée en coulisses. La soirée fatidique avec Adam a cruellement démontré que, même dans un environnement supposément libérateur, les femmes demeurent vulnérables aux abus de pouvoir. Les patrons et managers masculins, en perpétuant des normes et des attitudes misogynes, entretiennent un déséquilibre de pouvoir dans cette industrie.

## – 20 –

# Dans cette bulle dorée

La question tourne en boucle dans ma tête en un refrain obsédant : pourquoi suis-je toujours là ? Pourquoi cette incapacité à quitter cet endroit ? Une voix intérieure me pousse à partir, à tout abandonner. Cependant, une autre voix, plus insistante, me retient, arguant que, finalement, ce n'est pas si mal. On me rémunère pour danser et écouter des histoires.

Quel autre métier pourrait me garantir cette liberté et un salaire supérieur à celui d'un chirurgien ? Prendre cette décision signifierait renoncer à ce salaire mirifique. Pourtant, chaque nuit passée dans ce club est un défi, la charge mentale s'alourdit à chaque instant, après chaque rencontre, chaque histoire partagée.

Mes sens s'émoussent, je deviens insensible. C'est comme si je déclenchais un mode automatique, laissant mon âme dériver au loin. Chaque soir, les contours de cette bulle dorée se resserrent autour de moi, éveillant une dualité persistante entre l'envie de m'échapper et la sécurité illusoire de cet univers.

Comment briser ces chaînes et réinventer une nouvelle vie ? Les regards et les paroles enjôleuses ne font que renforcer ces barreaux invisibles qui m'entourent. Cependant, au plus profond de moi, je perçois cette étincelle. Elle est là, gagnant progressivement en intensité.

Il me faut un moment, une révélation, une secousse qui dissipera mes doutes. Alors, je pourrai enfin m'affranchir et embrasser un nouveau départ, une autre vie.

Parfois, il suffit de désirer intensément le changement pour qu'il se manifeste. Mon appel silencieux a été exaucé un soir, le 14 décembre… Je ne suis pas près de l'oublier. C'est comme si, dans un ultime espoir de me voir réagir, l'univers m'avait envoyé un signe.

La soirée débute doucement au club, les projecteurs jettent des faisceaux colorés sur la piste de danse déserte et la musique résonne à un volume modéré. Au bar, quelques danseuses discutent.

L'atmosphère est légère ce soir, et je me sens bien, je suis avec des filles que j'apprécie, avec qui j'ai tissé des liens.

Les rires fusent alors que les derniers ragots circulent, créant un écho de complicité. L'ambiance décontractée prend une tournure encore plus festive lorsque le patron fait une entrée remarquée. Avec son charisme habituel, il propose une tournée générale, suscitant des exclamations de joie.

Je m'amuse à plaisanter avec la barmaid en demandant un double shot d'ananas pour pimenter la soirée. Les filles autour de moi embrayent dans la bonne humeur, commandant des cocktails variés, certaines optant pour des mélanges forts associés à une boisson énergisante.

C'est un moment parfait, authentique, les filles me taquinent sur mon accent, et moi, je tente de leur apprendre quelques mots de français. Les discussions se prolongent, les langues se délient, de confidence en confidence se renforce le sentiment de sororité. L'effervescence du club semble momentanément en pause, laissant place à une parenthèse de complicité entre nous.

– Tu sais, ton accent, c'est comme une arme secrète, ici. Les clients semblent fondre dès que tu ouvres la bouche.

Elle, c'est Summer, petite, blonde, avec deux couettes sur les côtés qui lui donnent un côté espiègle. On s'entend plutôt bien, elle aime poser des questions sur la France, surtout sur la pâtisserie pour être honnête.

– Vraiment ? C'est peut-être le côté exotique qui fait son effet.

Elle éclate de rire doucement.

– Exactement ! Les clients adorent ! Un jour, toi et moi, nous irons à Paris. Tu me feras visiter le Louvre, la tour Eiffel, on fera du shopping ! Et peut-être que je rencontrerai un Français et que je me marierai avec ! Qui sait ?

Elle lève son cocktail pour trinquer à ce futur radieux, nos verres s'entrechoquent.

Soudain, c'est comme si le scénario joyeux de la soirée prenait un virage inattendu. Summer, d'un coup, semble prise dans un étau invisible. Sa main s'agrippe à sa poitrine, et le sourire espiègle laisse place à une grimace de douleur. Mon cerveau refuse de traiter l'information, comme s'il était déconnecté de la réalité. Cela ne peut pas être vrai. Summer, d'habitude si pleine de vie, s'effondre. Je la vois glisser de sa chaise jusqu'au sol. Les rires complices des filles autour de moi se muent en murmures inquiets, et la musique devient un fond sonore anxiogène.

Le personnel du club s'active, mais l'horloge semble tourner au ralenti. Un silence pesant enveloppe Summer, qui vient de faire un malaise cardiaque. Mes mains, d'abord hésitantes, se posent sur sa poitrine. Il me faut puiser dans le passé, retrouver les gestes appris lors de mes années de maître-nageur sauveteur. J'espère que c'est comme le vélo, que cela ne s'oublie pas. C'est étonnant tout ce qui peut traverser l'esprit dans un instant pareil. Puis, je cesse de penser.

Chaque compression thoracique devient un acte désespéré pour insuffler la vie dans ce corps qui vibrait à peine quelques instants plus tôt, pour repousser l'emprise de la mort. Mon cœur se serre, des larmes coulent sur mes joues, se mêlant à la sueur de l'effort. Le temps perd sa linéarité, les secondes s'étirent comme des heures, et le monde autour de moi se dissout dans une nébuleuse floue.

Les sirènes des secours se rapprochent, le personnel médical prend le relais. Mes mains tremblantes se retirent, laissant place à une prière silencieuse.

Je me détourne de la scène, m'éloigne de l'agitation qui règne dans le club. Mes pas incertains me guident vers les vestiaires, refuge où je peux enfin laisser éclater les émotions qui m'étouffent. La porte se referme derrière moi, coupant le bruit étouffé du club.

Je m'effondre sur une chaise, mon visage enfoui entre mes mains, les larmes échappant à tout contrôle. C'est un déferlement émotionnel, un torrent trop longtemps retenu qui secoue maintenant chaque fibre de mon être. C'est trop, bien trop.

Je relève lentement la tête, cherchant la femme qui se cache derrière la danseuse. Mes yeux rougis portent le poids de trop de sourires forcés, trop de jeux de rôles acceptés. Le mascara a coulé, traçant des rivières sombres le long de mes joues. Ma bulle dorée vient d'éclater, et laisse derrière elle des éclats de vérité trop longtemps étouffés. Je ressens comme une secousse intérieure, une vibration profonde qui me traverse de part en part. C'est comme si toutes les pièces du puzzle de ma vie s'emboîtaient soudainement pour former une image claire. À ce moment, je prends conscience que continuer sur cette voie n'est plus tenable. L'illusion de la facilité financière laisse place à la réalité brute de mon désir profond de changement.

Un sentiment de résolution s'installe en moi, fort et inébranlable. Je veux arrêter. C'est une décision consciente, alimentée par la nécessité de me libérer des chaînes qui m'ont maintenue captive.

Je me redresse, essuie d'un geste les traces de mes larmes et du mascara. La soirée est terminée, j'ai envie de rentrer chez moi.

Je fourre mes affaires dans mon sac, en me disant que le reste peut attendre. Chaussures, costumes, tout ça. Mon casier, refermé et verrouillé, semble garder en secret une partie de moi.

En route vers la sortie, je croise des collègues dans le couloir, des visages marqués par la surprise et la tristesse. On n'était pas préparés à ça. Personne ne l'est. Pour moi, c'est comme un réveil, un rappel à mes rêves. Une prise de conscience qui me pousse à partir. J'ouvre la lourde porte, et une bouffée d'air vif me saisit, le froid me fait trembler. Ma voiture réagit automatiquement à mon approche, s'ouvre comme un cocon chaleureux. Je me glisse à l'intérieur, mets le contact, et active rapidement le chauffage en mode survie hivernale. Alors que la chaleur commence à envelopper l'habitacle, je compose le numéro de mon mari.

– C'est moi, la soirée a été… heu, compliquée.

Le moteur répond en ronronnant, mais quelque chose attire mon attention. En levant les yeux, je découvre le carnage : le pare-brise est méconnaissable, transformé en puzzle de verre. Un moment de stupeur s'installe, entre le choc de la soirée au club et cette agression inattendue.

– Je rêve, mon pare-brise est éclaté, c'est une de ces journées où je me demande si j'ai croisé un chat noir ou si j'ai brisé un miroir sans m'en rendre compte, lâché-je, essayant de rester légère malgré tout.

– Quoi ? Comment ça ?

– Ma voiture est détruite, je n'ai plus de pare-brise.

J'ouvre la portière et constate avec stupeur les rayures et les bosses, témoins d'une agression violente.

– Quelqu'un s'est littéralement acharné dessus.

– Mon Dieu, c'est incroyable. Qui ferait une chose pareille ?

– Je n'en ai aucune idée, mais ça a l'air intentionnel. Et tu ne devineras jamais ce qui s'est passé au club. Summer a eu une attaque cardiaque.

Le silence de l'autre côté de la ligne est pesant. Il doit sûrement digérer l'info. Finalement il rompt le silence :

– Rentre à la maison, d'accord ? On trouvera une solution pour la voiture, je suis désolé pour ton amie, c'est terrible.

Je voulais un signe assez fort du destin pour tout quitter, c'est chose faite. Je n'en veux pas d'autres, j'ai compris. Je vais arrêter. Je vais quitter ce club, ce métier. J'ai l'impression que tout cela est un rêve, c'est embrumé. Une seule soirée, et tout bascule.

La voiture démarre, mais je reste là, perdue entre le passé et le futur. Une seule certitude émerge, il est temps de réécrire le scénario de ma vie.

En conduisant, une vague de souvenirs empreints de nostalgie déferle sur moi, réveillant tous les bons moments passés dans ce club et dans ceux qui m'ont accueillie à travers les États-Unis. Quel voyage extraordinaire ! J'y ai rencontré des individus remarquables, des âmes dont la magie persiste dans ma mémoire.

Ce métier, bien plus qu'une simple source de revenus, a contribué à ma croissance personnelle. Il a agi comme un révélateur, éclairant des facettes de ma personnalité que j'ignorais auparavant. Grâce à cette expérience, j'ai entrepris un voyage intérieur, appris à me comprendre, à m'accepter dans toute ma complexité.

Il y a aussi eu des côtés plus sombres, des moments où le doute s'est immiscé. Ce n'est pas un métier ordinaire, il demande une force mentale considérable. Ma plus grande bataille sera d'accepter l'idée que mes revenus ne seront plus aussi flamboyants après avoir raccroché mes talons. Mais je garde en moi une autre richesse, beaucoup plus importante.

Au fond, je souhaite conserver précieusement les bons souvenirs qui, dans quelques années, feront naître un sourire sur mes lèvres. Ceux-là mêmes que je pourrai toujours raconter dans les repas entre amis. Je veux me souvenir d'Éric, du vampire, de tous ces couples, de toutes ces femmes et ces hommes qui m'ont fait confiance. Je ne veux oublier personne. Parce qu'ils ont chacun à sa manière contribué à m'enrichir de toutes les façons.

À ce moment précis, je pense sincèrement qu'être strip-teaseuse est le plus beau métier du monde. Plus que la danse et la séduction, c'est la connexion humaine qui en fait une expérience extraordinaire. En tant que strip-teaseuse, j'ai été une narratrice d'histoires silencieuses, forgeant des souvenirs partagés avec ceux qui étaient présents. C'est cette capacité à tisser des liens éphémères, mais profonds, qui rend ce métier vraiment exceptionnel et enrichissant.

En créant un espace où chacun se sent vu, apprécié et célébré, j'ai été bien plus qu'une danseuse. À travers la danse, j'ai créé un lien intime avec chaque personne présente. C'est un échange qui va au-delà des mots.

Alors voilà, ma décision est prise, mais oh, quel bonheur d'avoir été cette danseuse, ambassadrice de la liberté d'expression !

## – 21 –

# La fin d'un chapitre

Après avoir plongé tête baissée dans une série d'expériences aussi variées que captivantes, j'ai finalement pris la décision de mettre un terme définitif à ma carrière de strip-teaseuse. Cette conclusion n'est pas le résultat d'une décision prise à la légère, mais le fruit d'une introspection profonde et d'une évaluation de mon parcours.

Chaque étape professionnelle a été un apprentissage, une opportunité d'explorer divers aspects de l'humain et de la société.

J'ai commencé en tant que policière, métier qui nécessite de l'intégrité, le sens du devoir et une vigilance de chaque instant.

Cette expérience m'a ouvert les yeux sur les complexités de la vie et les multiples facettes de la nature humaine, qu'elles soient bonnes ou mauvaises.

Mon entrée dans l'univers impitoyable de la télé-réalité m'a confrontée au regard inquisiteur du public et aux jugements extérieurs, ainsi qu'à l'impact profond que peuvent avoir les médias sur les conceptions et les opinions. Cette période m'a appris l'importance de préserver mon authenticité tout en jonglant avec les attentes et les avis des autres.

Lorsque j'ai embrassé le rôle de star du X, j'ai découvert un domaine où la vulnérabilité et l'exposition émotionnelle sont omniprésentes. Cette expérience m'a permis d'explorer ma propre sexualité tout en balayant les stéréotypes et les perceptions que cette industrie suscite. J'ai compris que la réappropriation de mon corps et de ma propre expression sexuelle était un acte puissant d'émancipation.

La transition vers le rôle de professeure de yoga a marqué une nouvelle étape de ma quête personnelle. J'ai plongé au cœur de la connexion entre le corps et l'esprit, guidant d'autres âmes en quête de paix intérieure et de transformation personnelle. Cette expérience m'a rappelé la profondeur du bien-être mental et physique, et m'a montré comment enseigner aux autres à trouver leur propre équilibre.

Enfin, le métier de strip-teaseuse, souvent mal compris, a été déterminant. Il m'a immergée dans le domaine de la sensualité et de la séduction, me permettant de sonder la complexité des désirs et des fantasmes humains. J'ai appris à maîtriser l'art de la mise en scène, à lire les signaux subtils du langage corporel, à créer une connexion intime avec le public. J'ai découvert la puissance de la confiance en soi.

Chacun de ces métiers m'a permis de plonger au cœur de l'âme humaine, d'explorer les recoins les plus sombres et les plus lumineux de nos émotions et de nos motivations.

J'ai vu au-delà des étiquettes et des idées préconçues, découvrant des individus avec des rêves, des peurs et des aspirations uniques. En devenant un témoin direct de ces vies variées, je me suis ouverte à la diversité et à l'authenticité de chaque personne que j'ai rencontrée.

Alors, que l'on me trouve sur une scène, dans un uniforme de policier, sur un écran de télévision, dans un studio de yoga ou dans un monde où les préjugés s'effritent, je serais toujours fière d'être là où l'on ne m'attend pas, car c'est précisément là que je me sens vivante, libre et en harmonie avec moi-même.

Je suis consciente que mes choix peuvent susciter des réactions variées, des jugements et des incompréhensions, mais je suis résolue à suivre mon propre chemin et à vivre une vie en accord avec mes valeurs et mes aspirations les plus profondes ; Se réinventer, encore et toujours. C'est devenu ma signature. Désormais, je sens que l'heure est venue d'écrire un nouveau chapitre. Je laisse derrière moi le strip-tease, non par lassitude, mais poussée par un besoin d'aller plus loin encore. Chaque étape de mon parcours a été une leçon, chaque stéréotype une opportunité de m'affirmer.

Pendant des années, j'ai écouté les autres en me déshabillant. C'était le deal implicite : à mesure que je retirais mes vêtements, eux laissaient tomber leurs masques. Mon corps exposé semblait rendre leur vulnérabilité plus acceptable.

Demain, je veux exactement faire la même chose, mais sans avoir à enlever quoi que ce soit. Désormais, c'est avec mes mots, mon regard et mon écoute que j'aiderai les autres à se libérer.

Aujourd'hui, avec le recul, je me tiens au sommet de ce parcours sinueux et éclectique, et je contemple le panorama d'une perspective renouvelée.

Chaque virage inattendu, chaque rôle improbable semble maintenant trouver sa place dans le puzzle complexe de mon existence.

Ces différents chapitres ont tissé le fil conducteur d'une histoire que je suis en train d'écrire.

Cependant, avant de tourner la page définitivement, il est temps pour moi d'offrir une dernière danse, une ultime expression de tout ce que j'ai appris et ressenti au cours de cette aventure.

Je m'avance sur la scène, les projecteurs se braquent sur moi, les premières notes de musique résonnent, et mon corps se met instinctivement en mouvement, suivant le rythme de la mélodie.

Alors que je danse, je ressens une profonde connexion avec chaque personne présente dans la salle. Les regards sont rivés sur moi, mais c'est comme si nous partagions tous un moment d'intimité, une compréhension silencieuse de l'histoire que je raconte à travers mes ondulations.

Les dernières notes de musique s'éteignent doucement, et je m'immobilise, le souffle court, mais le cœur empli d'une satisfaction profonde. Je sens que j'ai exprimé tout ce que j'avais à dire à travers ce langage corporel unique.

Alors que les applaudissements éclatent dans la salle, je fais un pas en arrière, un sourire chaleureux sur les lèvres. C'est terminé. Ce chapitre se ferme avec grâce et beauté, comme un tombé de rideau sur cette dernière danse, laissant place au commencement d'autre chose. C'est une révérence à tout ce qui a été et à tout ce qui sera.

Mon futur s'étend devant moi, vierge de toute écriture, prêt à être exploré avec une nouvelle perspective, une nouvelle passion et une gratitude infinie pour le voyage qui m'a menée jusqu'ici.

Alors que je compte une dernière fois les billets que j'ai gagnés lors de mon passage sur scène, un en particulier attire mon attention. C'est un billet de 2 dollars, sur lequel un petit soleil a été minutieusement dessiné dans un coin…

Le billet que j'avais offert à Haylee a retrouvé son chemin vers moi…

– 22 –

# Dernière page

Derrière chaque profession, chaque rôle et chaque titre se cache une histoire unique et complexe. Une personne n'est pas réduite à une étiquette, elle ne se limite pas à un emploi. Au contraire, elle est tissée de rêves, de passions, d'expériences et d'aspirations qui transcendent sa carrière. En refusant de limiter notre perception d'autrui à ce qu'il fait pour gagner sa vie, nous offrons à chaque individu la chance d'être pleinement compris et apprécié.

À travers chaque histoire et chaque réflexion, j'ai voulu dévoiler les multiples facettes de cet art du strip-tease mal compris.

Ce livre est un hommage à toutes les danseuses qui, chaque nuit, montent sur scène pour offrir une part d'elles-mêmes. C'est une célébration de leur art, de leur courage et de leur beauté. En lisant ces pages, j'espère que vous aurez pu voir au-delà des clichés et découvrir la véritable profondeur du strip-tease.

Merci d'avoir partagé ce voyage avec moi.

Laly

# Remerciements

Je tiens à exprimer ma profonde gratitude aux Éditions Michel Lafon pour la confiance qu'ils m'ont accordée. Jamais, même dans mes rêves les plus fous, je n'aurais imaginé voir mon nom sur la couverture d'un livre publié par cette maison d'édition que j'admire tant.

Un immense merci à cette équipe de femmes exceptionnelles : Maïté, pour ton accompagnement si bienveillant, et Marie, pour tes relectures attentives et tes conseils précieux. Voir mon livre prendre vie est une émotion que je peine encore à décrire, et cela n'aurait jamais été possible sans toutes les personnes qui ont travaillé dans l'ombre, mettant leur talent au service de ces pages.

Merci à mon mari pour ses relectures infinies et son œil critique, pour chaque page réécrite, chaque passage approfondi, chaque détail retravaillé. Ta patience et ton exigence m'ont aidée à donner le meilleur de moi-même.

Merci à ma meilleure amie, Céline, qui a su garder foi en moi, même quand moi je n'en avais plus. Pour m'avoir encouragée quand je voulais tout abandonner, pour avoir su trouver les mots qui m'ont permis d'aller au bout de cette aventure.

Et puis, il y a toi, mon frère.

Toi qui es parti quand j'avais seize ans, mais dont le vide de l'absence ne m'a jamais quittée. Ma vie et la tienne sont entremêlées, même au-delà du temps, même au-delà de l'invisible.

J'aurais voulu que tu sois là pour voir tout ça. Mais au fond, je sais que tu veilles sur moi, que tu es là, autrement.

Je ne t'oublie pas. Je ne t'oublierai jamais.

Et enfin, j'aimerais remercier une personne que j'ai longtemps oubliée. Une petite fille. Une petite fille qui ne croyait pas en elle, qui passait ses week-ends et ses vacances scolaires plongée dans les livres des autres, comme pour s'évader, comme pour chercher quelque chose qu'elle ne trouvait pas en elle-même.

Elle n'aurait jamais osé imaginer qu'un jour, elle aussi, elle écrirait un livre.

Aujourd'hui, j'aimerais lui dire qu'elle a eu tort. Que ses doutes ne l'ont pas définie. Que ses rêves n'étaient pas hors de portée. J'aimerais qu'elle sache que, après tant d'années passées à se cacher derrière les mots des autres, elle a enfin trouvé les siens.

J'espère qu'aujourd'hui elle peut être fière d'elle.

Et puis, il y a vous. Vous qui me suivez depuis dix-huit ans, vous qui êtes arrivés en route, et vous qui me découvrez aujourd'hui, par curiosité ou par hasard. Vous avez été témoins de mon parcours, de mes doutes, de mes choix parfois inattendus. Vous m'avez vue évoluer, toujours avec cette même authenticité, sans jamais chercher à être quelqu'un d'autre que moi-même.

Votre soutien, votre bienveillance, votre fidélité, c'est une ancre qui m'a toujours permis de garder les pieds sur terre, même quand tout semblait me dépasser. Ce livre est une nouvelle page de cette histoire que, quelque part, nous écrivons ensemble. Alors, merci d'être là, depuis le début ou depuis hier. Vous êtes précieux.

# Table des matières

Composition
PRESS·PROD

Imprimé en France par
CPI Bussière
en avril 2025

Dépôt légal : mai 2025
N° d'impression : 2084252
ISBN : 978-2-7499-6055-5
LAF : 3564